U0452959

中华帝序诀

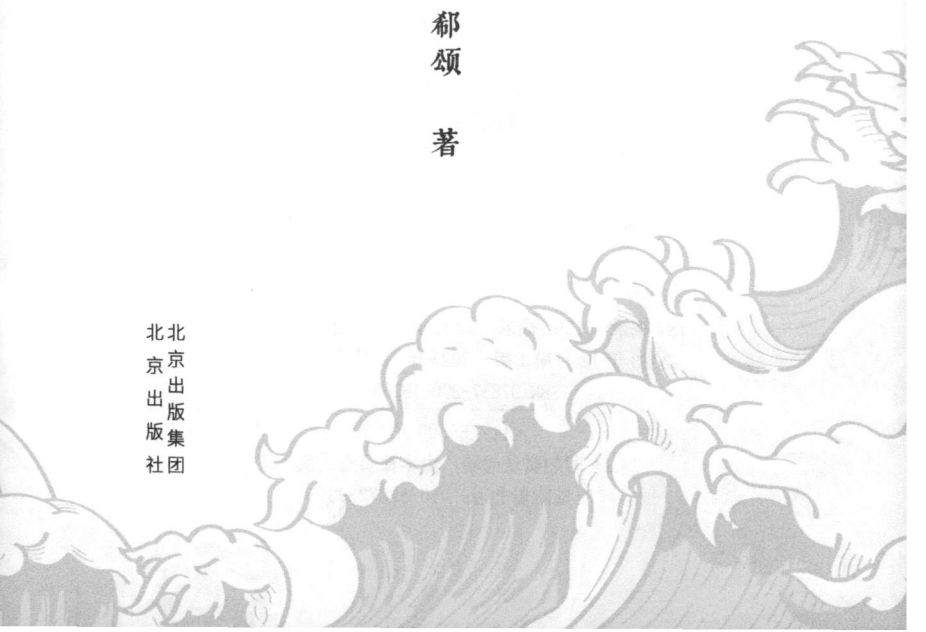

郗颂 著

北京出版集团
北京出版社

图书在版编目(CIP)数据

中华帝序诀 / 郗颂著. — 北京:北京出版社,
2023.12
ISBN 978-7-200-18258-3

Ⅰ.①中… Ⅱ.①郗… Ⅲ.①中国历史—通俗读物
Ⅳ.①K209

中国国家版本馆CIP数据核字(2023)第168612号

中华帝序诀
ZHONGHUA DI XU JUE
郗颂 著
*
北 京 出 版 集 团
北 京 出 版 社 出版
(北京北三环中路6号)
邮政编码:100120

网　　址：www.bph.com.cn
北 京 出 版 集 团 总 发 行
新 　华 　书 　店 　经 　销
北 京 建 宏 印 刷 有 限 公 司 印刷
*
787毫米×1092毫米　32开本　9印张　207千字
2023年12月第1版　2023年12月第1次印刷
ISBN 978-7-200-18258-3

定价：88.00元
如有印装质量问题,由本社负责调换
质量监督电话:010-58572393

前言

我很喜欢历史和古文,部分是源于自身的兴趣爱好,也得益于中学母校对我的培养。十七年前,我有幸考入了北师大实验中学的初中部就读,在第一节历史课上,一位姓宋的女老师让班里的三位同学在黑板上画出中国的朝代顺序图。我忽然想起小时候就烂熟于心的《中国历史朝代顺序歌》,"夏商与西周,东周分两段"的口诀让我在脑海中迅速形成了粗略的脉络,但终究没有勇气走上台去。也是在同一年,我第一次在语文教材的选读章节看到了《千字文》,"天地玄黄,宇宙洪荒。日月盈昃,辰宿列张"的文字之妙、韵律之美瞬间打动了我,我竟在几天之内将全文背诵下来,至今不忘。

后来,虽然我以优异的理科成绩考入中国最负盛名的学府之一,但中学六年对我的影响让我仍以文科生自居。时至今日,我已然忘记解析几何的求法、动能定理的公式和氧化还原反应方程式的配平,但我永远忘不了每周对历史课的热切盼望和语文课上学到诗词歌赋时的激动之情。每到假期发放下学期的书籍,我都迫不及待地翻开历史地图册和语文课本的古文篇目，徜徉其中。到了大学乃至参加工作，对历史和古文的热爱驱动我投入大量的时间继续了解、学习，虽无甚成就，但它们潜移默化地成为我生命中不可分离的一部分。

2015年的春天，我正在英国杜伦大学做交换生。在一个惬意的午后，我忽然想到，既然有《中国历史朝代顺序歌》，为什么不能有《中国帝王顺序歌》？既然《千字文》《龙文鞭影》的体裁可以凝练、对仗、押韵地记述历史、描绘人物，为什么不能以同样的体裁将中国古代帝王的顺序编写成文？经过一番检索，我惊讶地发现似乎自清帝退位上百年来，尚未有人如此尝试，于是我便不自量力地"敢为天下先"了。

《中华帝序诀》的成书背景正是基于此。我前后用时八年，在2023年2月，经百易其稿，终于大功告成。当年周兴嗣写《千字文》只消一夜劳心便传世千载，而我八年之功想必也无人问津。以此观之，真是弗如古人远甚！

关于本书的写作，有如下方面需要向读者说明：

首先，本书以朝代为线索完整地记录了从秦始皇嬴政至清逊帝溥仪两千多年中国帝王的次序。全书共分为八部分，分别是秦汉、魏晋、十六国、南北朝、隋唐五代、十国两宋、辽夏金元、明清。

经统计，本书记述的人物共计409人，其中帝王342人。中国自嬴政以来究竟诞生了多少位帝王，取决于统计口径的选择。相比于网络上流传的种种数字，本书的342位帝王固然是偏少的，究其原因主要在以下三个方面：

其一，五胡十六国时期政权林立、帝王繁多，无法一一列举。因此本书在"十六国"部分更加着重铺陈十六国的兴衰更替，而淡化了对帝王的叙述，这与其他部分有很大不同。对于十六国横跨一百多年纷繁复杂的演化史，能够用寥寥三十对骈句讲述来龙去脉已经殊为不易，无法奢求将历史的细节下沉到帝王层面。当然，我已在每对骈句下的"背景"部分将这一时期所有我国的简要历史都补充进去，也算是尽力弥补一些遗憾。

其二，一些在乱世中或傀儡而立，或旋踵而亡的非正统政权未纳入本书，如秦末的熊心、汉末的公孙述、三国的袁术、西梁的萧詧、北齐的高延宗、隋末的梁师都、唐朝的李希烈、五代的刘守光、伪齐的刘豫、元末的明玉珍、民国的袁世凯等。若将此类如过江之鲫的人物计算在内，恐怕只会喧宾夺主。

其三，对一些已远离传统中国地域的政权未有着墨。譬如盘踞在青海的吐谷浑、唐宋时偏居云贵的南诏和大理、辽亡后迁至中亚的西辽和元顺帝北逃后的北元等，因不属于传统中国历史的范畴，本书也不再画蛇添足了。

除上述三个方面外，本书对帝王的罗列基本做到了概无遗漏。

其次，本书的体裁完全仿照古代经典蒙学作品《千字文》和《龙文鞭影》，即每句四字，前后两句严格对仗，形成一对骈句。每部分共三十对骈句，遵从一个韵部；八部分共计二百四十对骈句，共八个韵部。本书正文部分即此二百四十对骈句，合计一千九百二十字，是为对中国古代帝王史之极限压缩后的结果。无疑，《中华帝序诀》的辞藻、文思皆远不及古人，但我在以下方面力求尽善：

第一，保证格式的工整，使二百四十对骈句全部对仗；

第二，追求韵律的统一，每部分的三十对骈句全部一韵到底，且不使用重复的韵字；

第三，体现平仄的美感，每对骈句前句末尾为仄音，后句末尾为平音。

为达到以上三点，并严格按照朝代顺序完整地记述中国帝王，其难度可想而知。

最后，正是因为有上述限制，导致正文难免有晦涩难懂或佶屈聱牙之处，故我在每对骈句之后都添加了注释、释文和背景加以阐释，使所有读者都能明白每对骈句的具体含义。每对骈句的"背景"部分为历史梗概，全书二百四十处历史梗概前后有序衔接，串联成约十万字首尾贯通的简明中国帝王史。

作为一个理科生出身，目前就职于投资银行的金融从业者，我并不具备专业的史学素养与文学功底，对《中华帝序诀》的写作也仅凭一腔热忱。在专业人士眼中，我的行为不过是东施效颦、邯郸学步。我也深知《中华帝序诀》无法与古代真正的蒙学经典相提并论。但每当我想到自己正在进行一项前无古人的尝试之时，一种使命感、自豪感便油然而生，是为激励我矢志不渝之动力。

承蒙北京出版社的诸位老师抬爱，本书有幸出版。在成书之时，我仍有多处不甚满意，但读者们看到的成果已然是我倾尽所能了。若有后继之人能受我启发，以更优美的文字、更通畅的表达、更丰富的叙事在本书基础上进一步完善甚至重塑，将另一部类似本书内容与体裁的书籍畅行于世，使更多的人了解以至熟稔中国帝王史，那我八年来的心血自是功不唐捐，而本书的面世也是功德一件了。

郗颂

2023 年 2 月于北京

目录

【秦汉】

姬周颓落，礼乐崩倾。 003
七雄问鼎，六合归嬴。 004
开疆设郡，称朕封卿。 005
斯生帝制，兹录群英。 006
蓬莱道阻，沙丘鱼腥。 007
项籍贵胄，陈涉役丁。 008
高挟胡亥，羽戮子婴。 009
灞上刘季，垓下楚兵。 010
舍父刘季，畏母惠盈。 011
吕雉残虐，少主伶仃。 013
文平淮济，景定吴荆。 014
威宣大漠，武耀丹青。 015
彻悲巫蛊，光佐弗陵。 016
海昏薄祚，病已深情。 017
元嬗窈窕，成燕娉婷。 018
哀堪断袖，莽竟鸩平。 019
孺子易废，新政难兴。 020
绿林举义，赤眉拔营。 021
更始徙宛，建世踞京。 022
秀伸炎汉，庄梦神明。 024
章炟宽赦，和肇廓清。 025
班炟抚远，窦宪勒铭。 026
阉秽执柄，外戚振缨。 027
邓辞抚政，安祐巡行。 028
懿姬负恃，隆殇幼龄。 029
懿顺饮恨，宦者彰名。 030
冲拥褴褛，质殒内廷。 031
梁折桓桎，党锢灵。 032
何进犬豕，董卓鲵鲸。 033
弘农泛梗，陈留飘萍。 034

【魏晋】

俊杰横槊，旌旆蔽空。 037
汉献傀儡，魏武枭雄。 038
操削河北，策霸江东。 039
刚柔刘备，忠义关公。 040
乌巢粟米，赤壁艨艟。 041
孙权伟略，周郎奇功。 042
襄樊水涌，夷陵火攻。 043
孔明上智，叡驾关中。 044
丕窥江左，阿斗中庸。 045
司马肘腋，诸葛股肱。 046
曹芳稚子，太傅衰翁。 048
仲达诱爽，景师问松。 049
亮除元逊，休缚子通。 050
昭虽专擅，髦岂苟生。 051

炎登宝殿，奂遣金墉。 052
亡吴浑濬，破蜀邓钟。 053
禅非思蜀，皓反讽充。 054
三分乃并，九域复同。 055
淫奢晋武，愚钝惠衷。 056
八王血雨，五胡腥风。 057
怀炽讨越，愍邺稽聪。 058
王马与共，敦隗相争。 059
睿憎首恶，绍惩次凶。 060
成衍夭逝，康岳早终。 062
穆聃南面，将军北征。 063
丕入大统，奕出九重。 064
桓温骄纵，谢安雍容。 065
简文忧死，孝武魇崩。 066
玄封十郡，裕斩六龙。 067
宗罹谣谶，文弑桐宫。 068

目录

【十六国】

衣冠南渡,戎狄北出。	071
逼禅曹魏,乞降匈奴。	072
渊和肇祸,聪曜摧枯。	073
勒尝微贱,虎固残毒。	074
石遵诘鉴,冉闵杀胡。	075
拓跋道寡,慕容称孤。	076
觊儁辟士,昕评悍吴。	077
凉臣旧主,李寿屯涪。	078
张骏据陇,生可磬竹。	079
健遂清野,凉毙代诛。	080
燕倾仇覆,凉毙代诛。	081
坚御江北,猛相秦苻。	082
淝水未越,雄师已殂。	084
降卒俱散,叛将皆辜。	085
四凉西拒,三燕东突。	086
二秦中守,一夏北逐。	087
后秦姚氏,西秦乞伏。	088
不垂斗智,登苌竞哭。	089
夏筑统万,凉成伊吾。	090
西李后吕,北沮南秃。	091
后凉秦虏,西凉北除。	092
南凉秦噬,西秦夏俘。	093
异种枭殄,同姓剪屠。	094
台壁决胜,参合亏输。	096
南燕德续,北燕冯扶。	097
东晋西讨,克谯剿卢。	098
荡秦收鲁,北魏南图。	099
吞燕擒夏,夺洛围姑。	100
诸强兴瞬,列霸亡忽。	101
终于太武,始自五族。	102

003

【南北朝】

干戈未毕,兵车犹急。 105
宋衰齐替,梁退陈袭。 106
符囚吴郡,隆欲狼胥。 107
劭刺君父,骏抑宗戚。 108
子业鲜耻,明彧多疑。 109
昱辄放恣,准唯啜啼。 110
道成应谶,萧赜校籍。 111
业文身殁,支庶须臾。 112
卷戾颇甚,融就须臾。 113
衍南久御,螽北长羁。 114
台城悖逆,佛寺饭依。 116
纲栋黜位,纪绎争嫡。 117
渊明拜奏,方智让揖。 118
霸先誉蒨,伯宗逊项。 119

后庭玉树,末主妖姬。 120
珪安内宇,嗣攘外敌。 121
焘临瓜步,余守京畿。 122
濬弘笃释,诩钊惨凄。 123
宏恪雄武,子攸贼逼。 124
晔推恭继,朗裂东西。 125
尔朱君刃,钦廓屡欺。 126
国分欢泰,魏裂东西。 125
见炬并立,钦廓屡欺。 128
澄狂殴帝,洋瘛为琵。 129
殷悖失语,演骇致疾。 130
湛亲奸佞,纬册犬鸡。 131
上皇诞纵,邕灭高齐。 132
护弑觉毓,邕灭高齐。 133
赞择五后,阐赐九锡。 135
杨昌宇敫,隋创周息。 136

【隋唐五代】

开皇南下，大业西伐。	139
重提锐旅，再并中华。	140
通渠北贯，精甲东铄。	141
江都天子，河朔豪侠。	142
充流窦斩，侑黜渊达。	143
唐公后举，秦王先发。	144
一生戎马，百战黄沙。	145
岱峰高冷，感业娇砸。	146
中睿垂拱，女帝振刷。	147
显茂庸懦，粉黛猖猾。	149
李旦委政，玄基摩崖。	150
开元盛景，安史高牙。	151
肃亨颠沛，子仪弹压。	152
代豫锄孽，德适丧家。	153
内宫权宦，外域罍阀。	154
顺诵祚浅，宪纯政佳。	155
穆恒顽昧，敬湛游暇。	156
文昂幽禁，武炎擢拔。	157
宣忱得道，懿淮失察。	158
僖儇遁蜀，黄巢赋花。	159
昽柷轩殿，全忠府衙。	160
五代迭霸，一统摧塌。	161
克用骁勇，朱温奸黠。	162
珪贞亲灭，存勖威加。	163
嗣源兵噪，厚珂军哗。	165
敬瑭献土，重贵抗鞑。	166
知远伺取，承祐贸杀。	167
郭威尚俭，柴荣明罚。	168
丰功犹在，壮志惜煞。	169
师还将返，母惧儿恒。	170

【十国两宋】

强藩桀骜，残唐飘摇。	173
封疆僭号，裂土分茅。	174
审知闽启，同室戈操。	175
翰钧反目，羲政扬镳。	176
马殷始楚，众驹争槽。	177
密渥吴作，演溥权凋。	178
南唐重教，李昪轻徭。	179
璟平闽楚，煜咏春宵。	180
建衍奢侈，祥昶逍遥。	181
前蜀庄剿，后蜀赵消。	183
镠开吴越，瓘燃江桡。	184
佐倧忌扈，钱俶归朝。	185
融勖奉贡，继冲降钊。	186
季兴娄索，从诲诈邀。	187
南汉依海，北汉傍辽。	188
龑玢嗜戮，晟铱夷胞。	189
旻钧困厄，恩元乞饶。	190
终归炎宋，光义北鏖。	192
匡胤南扫，澶渊射萧。	193
幽云困扫，光义北鏖。	194
真恒契睦，仁祯夏骄。	195
英曙讨虏，神顼青苗。	196
哲煦果锐，徽佶轻佻。	197
钦桓北辱，康王南逃。	198
精忠陨首，谬丑折腰。	199
高构惶窘，孝昚劬劳。	200
光惇内禅，宁扩外交。	201
理昀罪己，度禥耽娇。	202
仍逢恭㬎，敢忆陈桥。	203
端昰蹈海，怀昺没涛。	204

【辽夏金元】

漠南骏跃，塞北龙骧。	207
牧歌跌宕，胡曲激扬。	208
侵渤耶律，掠汴德光。	209
世阮宽善，穆璟怠荒。	210
明扆景铄，隆绪圣昌。	211
宗真兴尽，洪基道殇。	212
金征延禧，夏凯河湟。	213
继迁银宥，德明甘凉。	214
夺媳元昊，窃政讹庞。	215
毅祜前患，惠忍后殃。	217
崇荫尤远，仁祐亦长。	218
桓循故训，襄篡庙堂。	219
神弃唇齿，献畏虎狼。	220
旹儿诛睍，完颜奠邦。	221
旻逐辽主，晟掳宋皇。	222
熙亶酗酒，海陵渡江。	223
世雍大定，章璟小康。	224
卫绍遭邸，宣珣移梁。	225
守绪哀殉，承麟旋亡。	226
铁木秘冢，窝阔宏疆。	227
古今震烁，欧亚悚惶。	228
监国少子，称制红妆。	229
定宪争位，手足阋墙。	230
世祖缔创，成宗更张。	231
武仁相授，英拜见戕。	233
泰定不永，天顺难详。	234
文明既让，兄弟何伤。	235
宁冲践祚，惠弊求强。	236
石人一眼，红巾四方。	237
下生弥勒，降世明王。	238

[明清]

匹夫斩木，衲子揭竿。 241
鄱湖挞汉，洪武逐元。 242
建文匿迹，永乐镇边。 243
洪熙从善，宣德任贤。 244
佐纲杨考，救时于谦。 245
北狩正统，南犯也先。 246
景泰苦短，天顺幸延。 247
成化意切，弘治情专。 248
正德巡塞，嘉靖修玄。 249
隆庆互市，万历偏怜。 250
东林国本，泰昌红丹。 251
天启宠魏，崇祯刚愎。 252
自成出陕，献忠入川。 253
由检覆面，三桂冲冠。 254

崧椷近室，唐鲁远藩。 256
天命萨浒，崇德松山。 257
叔父摄政，顺治坐燕。 258
虏来寇去，清盛明残。 259
康熙弭乱，圣祖收湾。 260
雍正夺储，乾隆闭关。 261
既锁四海，更诩十全。 262
嘉庆肃吏，道光销烟。 263
咸丰洪蔓，同治洋渐。 264
宗棠御侮，鸿章和番。 265
光绪变法，慈禧垂帘。 266
庚子开衅，辛亥燎原。 267
逊位宣统，驱鞑逸仙。 268
共和始建，王朝终完。 269
皇系千载，文脉万年。 271
中华帝序，神州遗篇。 272

秦汉

秦汉

姬周颓落,礼乐崩倾。七雄问鼎,六合归嬴。开疆设郡,称朕封卿。斯生帝制,兹录群英。蓬莱道阻,沙丘鱼腥。项籍贵胄,陈涉役丁。高挟胡亥,羽戮子婴。灞上汉祖,垓下楚兵。舍父刘季,畏母惠盈。吕雉残虐,少主伶仃。文平淮济,景定吴荆。威宣大漠,武耀丹青。彻悲巫蛊,光佐弗陵。海昏薄祚,病已深情。元嬺窈窕,成燕娉婷。哀堪断袖,莽竟鸩平。孺子易废,新政难兴。绿林举义,赤眉拔营。更始徙宛,建世踞京。秀伸炎汉,庄梦神明。章炟宽赦,和肇廓清。班超抚远,窦宪勒铭。阉秽执柄,外戚振缨。邓辞壮岁,隆殇幼龄。阎姬负恃,安祜巡行。懿顺饮恨,宦者彰名。冲拥褪褓,质殒内廷。梁折佞幸,党锢桓灵。何进犬豕,董卓鲵鲸。弘农泛梗,陈留飘萍。

姬周颓落，礼乐崩倾。

秦汉

[**注释**] 姬周：即周朝。因周天子为姬姓，故周朝又称姬周。

礼乐：礼乐制度，此处指社会秩序。

[**释文**] 周王朝国力式微，衰败倾颓；社会秩序动荡紊乱，礼崩乐坏。

[**背景**] 周朝是中国历史上继夏、商之后的第三个王朝，由周武王姬发所建，前后存续近八百年。西周实行分封制，周天子将周朝土地分封给王室宗亲、开国元勋或古代君主后裔，而接受分封的诸侯为周天子镇守疆土、上缴贡赋，在周朝内部形成了星罗棋布的诸侯国。西周的另一重要政治制度为礼乐制度，相传由周公旦创建。"礼"从形式上规范了正确的外向社会举止；"乐"从情感上聚合统治范围内的社会心理方向。礼乐制度是宗法等级制度的重要组成部分，有效地维系了周朝统治。东周时期，诸侯王势力强大而周王朝国力式微，周天子"天下共主"的威权丧失。各诸侯僭用礼乐的现象愈加普遍，周朝的典章制度逐渐被废弃。礼法不能贯彻，雅乐无法实施，原有维持统治秩序的礼乐制度逐渐瓦解，礼崩乐坏的局面出现。

七雄问鼎，六合归嬴。

[注释] 七雄：战国七雄，即齐、楚、燕、韩、赵、魏、秦。

六合：天、地、东、西、南、北之六方。

嬴：秦王嬴政。

[释文] 战国七雄纷纷问鼎中原；天地四方归于嬴政一统。

[背景] 东周后期，周天子彻底丧失对诸侯国的掌控。三家分晋、田氏代齐等剧烈的政治变革将中国历史由诸侯林立的春秋时代带到风云激荡的战国时代。众多诸侯国经过数百年的蚕食鲸吞，数量锐减，其中属战国七雄国力最为强盛，纷纷问鼎中原。又经过二百余年的争霸战争，秦王嬴政"奋六世之余烈"，灭亡了享国近八百年的周王朝，又以风卷残云之势在十年内先后荡平韩、赵、魏、楚、燕、齐六国，实现一扫六合、统一中国的千秋伟业。李白有诗云："秦王扫六合，虎视何雄哉！"这一年是公元前221年，是波澜壮阔的两千多年中国帝王史之起点，中国历史亦由此进入新的纪元。

开疆设郡,称朕封卿。

秦汉

[**注释**] 郡:郡县。

卿:三公九卿。

[**释文**] 秦始皇开疆拓土,设立郡县制度;又首称皇帝,加封三公九卿。

[**背景**] 秦始皇灭六国后,继续开疆拓土:向南征服百越,向北进攻匈奴,使得秦朝版图空前辽阔。为有效统治广袤的领土,秦始皇废除了周朝的分封制,改行郡县制。郡县制是以郡统县的两级地方行政制度,秦分天下为三十六郡,郡守和县令均由皇帝直接任免,从而有效加强了中央对地方的管理。同时,秦王嬴政认为自己"德兼三皇,功盖五帝",遂创"皇帝"一词取代"王",后世效法沿用,成为对中国两千多年封建社会最高统治者的称呼。在确立皇帝尊号的同时,嬴政综合战国以来各国的官僚机制,建立起三公九卿制度,以在中央实现对国家的有效管理。三公,即丞相、太尉、御史大夫;九卿,即奉常、廷尉、典客、郎中令、卫尉、太仆、少府、治粟内史、宗正。嬴政建立了中国历史上第一个统一的君主集权制国家,并奠定了中国两千余年之专制政治格局,被后人尊为"千古一帝"。

斯生帝制，兹录群英。

[注释] 斯、兹：此，这里。

[释文] 中国古代从此诞生了帝制，本书也就此说开，记录一众帝王英豪。

[背景] 嬴政自称始皇帝，令丞相李斯以和氏璧雕刻传国玉玺，印文"受命于天，既寿永昌"八篆字，并欲将玉玺同帝国传诸"二世三世至于万世"。自公元前221年秦王嬴政称帝到公元1912年清帝溥仪退位，凡二千一百三十三年。其间，数百位帝王轮流登上历史舞台，在华夏大地上演绎属于他们的传奇故事。本书也将按照朝代顺序记录这一部封建帝王史。

蓬莱道阻,沙丘鱼腥。

秦汉

[注释] 蓬莱:东海的蓬莱仙岛,后世常以蓬莱代指仙境。

沙丘:沙丘宫,秦始皇驾崩之地。

[释文] 蓬莱仙岛的去路艰难险阻;"沙丘之变"的鲍鱼腥臭不堪。

[背景] 君临天下的秦始皇已然缔创前无古人的功业,便转而寻求仙福永享,寿与天齐。方士徐福投其所好,上书嬴政称东海之中有蓬莱、方丈、瀛洲三座神山,神山中有长生的神仙居住。秦始皇信以为真,两次派徐福出海东渡,寻访神山,以求不死仙丹。公元前210年,徐福携三千童男童女第二次东渡,却再无音讯,永远消失在了茫茫大海中,成为永久的历史之谜。后世普遍相信徐福东渡抵达日本,甚至猜测其正是日本神话中的第一代天皇——神武天皇。恰在此年,未寻得不老仙丹的秦始皇驾崩于东巡途中的沙丘宫(今河北广宗),宦官赵高、丞相李斯密谋,伪造嬴政遗诏,由其十八子胡亥继位,逼令长子扶苏自尽(史称"沙丘之变")。在赶回秦都咸阳(今陕西咸阳)的路上,胡亥一行命人将大量鲍鱼装在车驾之上以掩盖嬴政尸体散发的腐臭味。胡亥在咸阳正式即位,是为秦二世。

项籍贵胄，陈涉役丁。

[注释] 项籍：战国末期楚国将军项燕之孙，字羽，即项羽。

贵胄：贵族后代。

陈涉：即陈胜，字涉，秦末农民起义领袖。

役丁：服徭役的壮丁。

[释文] 项羽是楚国的贵族之后；陈胜是秦朝的徭役壮丁。

[背景] 秦以法家治国，奉行峻急酷烈的高压政策，其严刑峻法为秦亡埋下了祸根。秦朝动辄征发百万民夫修筑长城、阿房宫、皇陵、驰道等国家工程，天下人民皆苦于秦朝暴政。公元前209年，官兵押送九百名役丁自阳城（今河南登封）到渔阳（今北京密云）戍边。途中天降大雨，道路不通，无法按照规定的期限到达，按秦律当斩。役丁中为首的屯长陈胜、吴广认为天下苦秦已久，与其逃亡被捕而死，不如振臂一呼，为大计献身。陈胜、吴广遂杀死看守士兵，以公子扶苏的名义号召天下，反叛秦朝。中国历史上第一次大规模的农民起义——大泽乡起义爆发。沛县（今江苏徐州）泗水亭长刘邦亦举兵响应，攻占沛县，自称沛公，至今仍有刘邦斩白蛇起义的传说。最终陈胜兵败被杀，但秦朝的统治根基已在接二连三的起义中被动摇。秦灭六国后，六国贵族被悉数内迁咸阳，复国之心不死，与秦朝统治者貌合神离。项羽为楚国将军项燕之孙，与叔父项梁、谋士范增在民间找到楚怀王之孙熊心，仍立为楚怀王。楚怀王遂为天下反秦共主，号令刘邦、项羽等"伐无道，诛暴秦"，并与诸将约定"先破秦入咸阳者王之"。

高挟胡亥，羽戮子婴。

秦汉

[**注释**] 高：赵高，秦始皇时期的宦官，后为秦国丞相。

挟：挟制。

胡亥：秦二世嬴胡亥，秦始皇十八子，秦朝第二代皇帝。

羽：西楚霸王项羽。

子婴：秦三世嬴子婴，秦朝最后一位统治者，史称秦王子婴。

[**释文**] 宦官赵高挟制胡亥；楚将项羽杀害子婴。

[**背景**] 胡亥登基后，听信赵高谗言，逼迫大将蒙恬自尽，又诛杀自己的兄弟姊妹二十余人。丞相李斯上书劝谏秦二世，请求暂停阿房宫的修建并减少戍边的徭役，以缓和民愤。胡亥愤然将李斯下狱。赵高为李斯罗织罪名，最终以谋反罪将其腰斩于闹市。赵高取李斯而代之，成为秦国丞相，并逐渐挟制胡亥。公元前207年，赵高逼杀胡亥，去秦帝号，立子婴为秦王。子婴立即诛杀赵高。在血雨腥风的朝廷之外，亡秦的风暴已迫近秦都咸阳：楚将项羽在巨鹿之战中破釜沉舟，击溃秦将章邯，秦军主力尽丧，关中空虚；而刘邦则率军攻克武关（今陕西丹凤）、峣关（今陕西蓝田），屯兵灞上（今陕西西安白鹿原附近），包围秦都。刚刚登基的子婴见大势已去，遂乘素车、骑白马，以丝带系颈，持皇帝玉玺投降刘邦，秦亡。刘邦赦子婴，入咸阳，废秦律，与当地百姓约法三章。未几，项羽亦率军而至，杀嬴子婴，焚秦宫室，火三月不灭。杜牧在《阿房宫赋》中写道："戍卒叫，函谷举，楚人一炬，可怜焦土！"

灞上汉祖，垓下楚兵。

[注释] 灞上：古代关中地区的军事要冲。刘邦由此处进入咸阳。

汉祖：汉高祖刘邦，西汉开国皇帝。

垓下：今安徽灵璧，楚汉战争的最后决战之地。

[释文] 汉高祖刘邦屯兵在灞上；楚国士兵被围困于垓下。

[背景] 在项羽夺取关中前，刘邦已先入咸阳，欲称王关中，以子婴为丞相。项羽闻之大怒，遂拥军四十万驻扎于鸿门（今陕西临潼），刘邦仅以十万屯兵灞上。谋士范增力劝项羽诛杀刘邦，以绝后患。刘邦慑于项羽之威，前往鸿门谢罪，遂有司马迁笔下惊心动魄的鸿门之宴。但身为天潢贵胄的项羽不屑杀害出身微贱的刘邦，后者在一番险象环生后虎口脱险。项羽以其妇人之仁铸成一生大错。项羽自立为西楚霸王，定都彭城（今江苏徐州），自行分封天下诸侯，以刘邦为汉王，以秦朝降将章邯、司马欣、董翳出镇关中（三秦），扼制刘邦。项羽随后诛杀楚怀王，成为天下之首。公元前206年，刘邦拜韩信为大将，重返关中，平定三秦。刘邦东出，历数项羽罪状，号召天下诸侯为楚怀王复仇，为时四载的楚汉战争爆发。公元前202年，刘邦、韩信统领的三十万汉军与项羽的十万楚军于垓下决战（史称"垓下之战"），楚军被汉军所围困。夜间，四面传来楚国歌声，楚军军心瓦解，项羽率八百人突围，至乌江畔。当地亭长愿带项羽逃至江东重图霸业，然项羽却无颜再见江东父老，一代西楚霸王刎颈自戮。

舍父刘季，畏母惠盈。

秦汉

[**注释**] 刘季：即刘邦，字季。

惠盈：汉惠帝刘盈，刘邦与吕雉的长子，西汉第二代皇帝。

[**释文**] 汉高祖刘邦舍弃生父；汉惠帝刘盈畏惧母亲。

[**背景**] 楚汉战争期间，刘邦的父亲刘煓曾为项羽所掳，项羽为要挟刘邦，在阵前对刘邦说："你若不投降，我便煮了你的父亲。"刘邦却说："你我二人曾为结拜兄弟，我父亲就是你的父亲。你若真敢煮了你父亲的话，请分我一碗肉羹。"在楚汉的短暂议和期间，项羽将刘煓和刘邦妻子吕雉放归。公元前202年，旷日持久的楚汉战争结束，刘邦建立的西汉政权统一全国。刘盈是刘邦与吕雉的长子，但刘邦以刘盈"仁弱不类我"为理由，欲改立爱妾戚夫人之子刘如意为太子，吕雉由此对戚夫人衔恨在心。刘邦死后，刘盈即位，是为汉惠帝。虽然身为皇帝，但刘盈极其畏惧其母吕雉。吕雉将刘如意毒杀，并残酷折磨戚夫人，强令刘盈观看。天性纯善的刘盈看到戚夫人的惨状后惊吓成疾，认为母亲惨无人道，遂借酒浇愁，竟郁郁而终。

汉高祖 刘邦

吕雉残虐,少主伶仃。

秦汉

[注释] 吕雉:汉高祖刘邦的皇后。

少主:西汉的前后少帝,俱为刘盈之子。前少帝刘恭为西汉第三代皇帝,后少帝刘弘为西汉第四代皇帝。

[释文] 太后吕雉残酷暴虐,临朝称制;前后少帝伶仃孤苦,受制于人。

[背景] 吕雉性格刚毅强势,甚至残暴不仁,协助刘邦对西汉开国功臣韩信、彭越等痛下杀手。刘邦死后,惠帝刘盈仁弱,而太后吕雉大权独揽,并迫害戚夫人及刘如意。公元前188年,刘盈死,吕雉临朝称制,开中国太后专政之先河。吕雉立刘盈之子刘恭为帝,并杀其生母。刘恭逐渐长大,方知生母为吕雉所害,扬言复仇。吕雉遂废杀之,改立刘盈之子刘弘。吕雉继续行使皇帝职权,政由己出,甚至违背高祖刘邦生前"非刘氏而王,天下共击之"的遗训,大肆封赏吕氏家族为王为侯,令刘邦子孙及西汉朝臣敢怒不敢言。公元前180年,吕后病逝。相国吕产、上将军吕禄"矫制以令天下",企图篡夺汉家江山。齐王刘襄在外起兵讨伐诸吕,刘邦老臣陈平、周勃策应于内,铲除吕氏一族。"诸吕之乱"平定,后少帝刘弘亦被废杀。

文平淮济，景定吴荆。

[注释] 文：汉文帝刘恒，汉高祖四子，汉惠帝异母弟，西汉第五代皇帝。

淮济：淮南王和济北王。

景：汉景帝刘启，汉文帝长子，西汉第六代皇帝。

吴荆：吴楚，指吴楚七国之乱。

[释文] 汉文帝平定淮南和济北的反叛；汉景帝镇压吴楚七国之乱。

[背景] 丞相陈平和太尉周勃等人考虑到代王刘恒宽厚仁慈，且其生母薄姬性情朴实，不会步吕雉后尘，遂到偏远的代地迎立刘恒继位。文帝轻徭薄赋，偃武兴文，奉行黄老之术，主张无为而治。文帝的治国之术使百姓得以休养生息，却也为汉代诸侯王做大推波助澜，使得文帝初期即有济北王、淮南王发动叛乱。虽有名臣贾谊提出的"众建诸侯而少其力"的建议，但文帝对诸侯王大体上采用绥靖政策，也为"七国之乱"埋下祸根。公元前157年，汉景帝刘启即位。景帝为应对诸侯王尾大不掉之势，采纳晁错"削藩"的建议，率先削夺吴国的会稽和豫章两郡。吴王刘濞本就对刘启积怨已久，更不愿引颈受戮，遂联合各诸侯国举兵反叛（史称"吴楚七国之乱"）。汉景帝诛斩晁错，但刘濞岂肯罢休！后经周勃之子、名将周亚夫力挽狂澜，"七国之乱"数月即平。景帝借机收回各诸侯国权力，诸侯王割据的问题得到极大解决。虽有诸侯内乱，但文帝、景帝时期社会发展基本稳定，中国历史也迎来了第一个治世——文景之治。

威宣大漠,武耀丹青。

[注释] 大漠:漠北草原。

武:武功,同时也指汉武帝刘彻的谥号"武"。

丹青:史册。

[释文] 汉家威严震慑漠北草原;刘彻武功载誉史册。

[背景] 公元前141年,十六岁的刘彻即位,是为汉武帝。刘彻颁布推恩令,进一步削弱诸侯王的势力,使其封地自我缩减,彻底解决了诸侯割据的问题。文景之治的硕果为汉王朝积蓄了丰厚的实力,使汉武帝得以用军事手段解除汉初以来北方匈奴的威胁。公元前119年,汉武帝派名将卫青、霍去病深入漠北二千余里,歼灭匈奴主力,俘虏匈奴屯头王、韩王等三人及将军、相国、当户、都尉等八十三人。霍去病乘胜进击至狼居胥山(今蒙古国肯特山),筑坛祭天以告功成。自此,"匈奴远遁,而漠南无王庭"。后世遂以"封狼居胥"为开疆拓土的最高荣誉。此外,汉武帝积极开拓河西地区,在击溃匈奴后于河西走廊(今甘肃地区)设武威、张掖、酒泉、敦煌四郡,并完全控制了西域三十六国(今新疆一带)。天山南北首次被纳入中原王朝版图,进入中央政权的有序管理之下,西汉帝国的实力达到全盛。

秦汉

彻悲巫蛊，光佐弗陵。

[注释] 彻：汉武帝刘彻，汉景帝之子，西汉第七代皇帝。

巫蛊：用以加害敌人的巫术，这里代指"巫蛊之祸"。

光：霍光，霍去病异母弟，西汉权臣。

弗陵：汉昭帝刘弗陵，汉武帝幼子，西汉第八代皇帝。

[释文] 刘彻痛悔于太子的"巫蛊之祸"；霍光辅佐年幼的刘弗陵。

[背景] 刘彻掌权五十四年，为中国历史在位时间最长的帝王之一。晚年的汉武帝疑心有人用巫蛊之术诅咒自己，在一次小憩时又梦到被数千木人持杖袭击，于是精神恍惚，杯弓蛇影。江充与太子刘据素有仇隙，遂陷害太子，于太子宫中掘出桐木人偶。刘据百口莫辩，不愿重蹈秦朝太子扶苏覆辙，矫诏诛杀江充。江充党羽逃往汉武帝所在的甘泉宫，称太子已反。刘彻遂调兵平乱，两军在长安混战，太子败逃，悬梁自尽（史称"巫蛊之祸"）。事后，刘彻幡然醒悟，知江充从中作梗，致其父子相残，痛悔不已。刘彻命人造"思子宫"，又于太子殉难处建"归来望思之台"，以志哀思。刘据既死，刘彻立幼子刘弗陵为太子。主幼母少，刘彻担心吕后乱政的历史重演，便杀掉刘弗陵的生母钩弋夫人，并托孤于霍光等大臣辅政。公元前87年，汉武帝病逝，八岁的刘弗陵登基为帝，是为汉昭帝。在霍光的辅佐下，汉武帝后期穷兵黩武造成的国力衰颓之势得以遏制，西汉王朝得以继续稳定发展，揭开了"昭宣中兴"的序幕。

海昏薄祚，病已深情。

[注释] 海昏：海昏侯刘贺，汉武帝之孙，西汉第九代皇帝。

病已：即汉宣帝刘询，原名刘病已，武帝太子刘据之孙，西汉第十代皇帝。

[释文] 海昏侯刘贺皇祚短暂；汉宣帝刘询故剑情深。

[背景] 刘贺是汉武帝与李夫人之孙，承袭其父昌邑王的爵位。公元前74年，二十一岁的刘弗陵病逝而无子嗣，权倾一时的辅臣霍光拥立刘贺为帝。刘贺进京后，破格提拔众多昌邑旧属到中央政府任职，直接触动了旧官僚集团的利益。权臣霍光发现刘贺有脱离其掌控之势，意识到事态的严重性，遂以"荒淫迷惑，失帝王礼谊，乱汉制度"的罪名废黜之。刘贺仅在位二十七日便失去帝位，被封为海昏侯。同年，霍光将刘据之孙刘病已（后改名刘询）立为皇帝，是为汉宣帝。刘询年幼时曾因祖父"巫蛊之祸"的牵连而被投入狱中，幸被狱史丙吉暗中相救，并抚养长大。宣帝即位，霍光欲将其女嫁给宣帝为皇后，可宣帝不忘自己寒微时患难与共的发妻许平君，下诏要寻一把故剑。群臣遂晓其意，宣帝得以册立许平君为皇后。有废立皇帝之威的霍光常使刘询"若有芒刺在背"，刘询表面对其敬重有加，实则十分忌惮。公元前68年，权臣霍光病逝，霍氏家族亦因谋反被宣帝满门抄斩。汉宣帝是西汉贤君，在霍光秉政的基础上开创了王朝盛世中兴的局面。

元嫱窈窕，成燕娉婷。

[注释] 元：汉元帝刘奭，汉宣帝与许平君之子，西汉第十一代皇帝。

嫱：王嫱，即王昭君，汉元帝时期派往匈奴和亲的宫女，也是中国古代四大美女之一。

成：汉成帝刘骜，汉元帝与王政君之子，西汉第十二代皇帝。

燕：赵飞燕，汉成帝的第二任皇后，以美貌、善舞著称。

[释文] 汉元帝时期的王昭君窈窕动人；汉成帝时期的赵飞燕婉丽娉婷。

[背景] 公元前48年，汉宣帝驾崩，刘奭以太子身份即位，是为汉元帝。此时匈奴已分裂为呼韩邪单于领导的南匈奴和郅支单于统领的北匈奴。呼韩邪败于郅支，遂领南匈奴南迁至长城外，向西汉称臣归附。公元前36年，西域都护甘延寿与校尉陈汤远征北匈奴，斩杀郅支单于，汉廷再度威震西域。不久，呼韩邪向元帝请求和亲，汉元帝便将时为宫女的王嫱许配给他。临行前，汉元帝亲眼见到了美貌动人的王昭君，不禁想将其留下，却悔之晚矣。昭君随后远嫁匈奴，促成了胡汉两地的长久和平，这便是"昭君出塞"的典故。元帝驾崩，成帝即位，成帝之母王政君为皇太后，王氏外戚登上了西汉的政治舞台。一次偶然的机会，成帝出游，在阳阿公主府偶遇天生丽质、轻盈善舞的侍女赵飞燕，顿时神魂颠倒。成帝遂将赵飞燕、赵合德姐妹纳入后宫，两年后册立赵飞燕为皇后、赵合德为昭仪。成帝将权力交与王氏外戚，自己则于后宫纵情声色。

哀堪断袖，莽竟鸩平。

[注释] 哀：汉哀帝刘欣，汉元帝之孙，汉成帝之侄，西汉第十三代皇帝。

莽：王莽，王政君之侄，西汉末年外戚、权臣，后篡汉自立。

鸩：鸩杀，用鸩酒毒杀。

平：汉平帝刘衎，汉元帝之孙，西汉第十四代皇帝。

[释文] 汉哀帝可以为男宠斩断衣袖；安汉公王莽竟然敢弑平帝。

[背景] 公元前7年，膝下无子的汉成帝暴死于赵合德榻上，其侄刘欣继位为帝，王政君为太皇太后。哀帝打压王氏外戚势力，并将王政君之侄、大司马王莽遣送回封地，后者精于作秀，是朝野称颂的"道德楷模"。哀帝极其宠爱自己的男宠董贤，与其同坐同寝。一日，哀帝醒来发现董贤在熟睡中压住了自己的衣袖，为了不惊扰董贤，哀帝用剑斩断衣袖后才起身离去，"断袖之癖"即出于此。哀帝死，王政君以太皇太后的身份临朝称制，复用王莽为大司马。王莽立元帝另一个孙子、年仅九岁的中山王刘箕子（后改名刘衎）为帝，是为平帝。王莽逼哀帝男宠董贤、成帝皇后赵飞燕等人自杀，又暗中罗织罪名清算政敌，在外表的儒雅谦恭中逐步巩固自己的地位。王莽为自己大肆营造祥瑞，在群臣的歌功颂德下，被加封为安汉公，不久又加号宰衡，位列诸侯王公之上。又二年，汉平帝去世，部分史家认为平帝死于王莽的鸩杀。

孺子易废,新政难兴。

[注释] 孺子:孺子婴,即刘婴,汉宣帝玄孙,为王莽所立的傀儡。

新政:指王莽篡汉后推行的新政。

[释文] 王莽可以轻易废黜孺子刘婴,却难以在天下推行新朝新政。

[背景] 平帝死后,野心勃勃的王莽为更好地控制朝政,立年仅一岁的汉宣帝玄孙刘婴为皇太子,史称孺子婴。为迎合王莽篡汉的野心,大量的符命图谶纷纷涌现。武功县有人在挖井时,掘出一写有"告安汉公莽为皇帝"的石头,王莽指使群臣把此事禀告王政君。年近八旬的王政君虽一手扶植王氏外戚,却忠于刘姓江山,此时已无法控制王莽。王莽又称"假皇帝",改元祭天,接受群臣朝拜,距"真皇帝"仅一步之遥。公元8年,王莽逼迫王政君交出传国玉玺,后者将玉玺掷于地上,愤然道:"我老已死,如而兄弟,今族灭也!"得到传国玉玺的王莽顺理成章地接受孺子婴的禅让,代汉称帝,改国号新,开中国历史上权臣受禅称帝之先河。西汉亡。王莽代汉后,实施全面的社会变革,如土地改革、币制改革、商业改革和官名、县名改革(史称"王莽改制")。王莽是个悲情的理想主义者,其新政严重脱离所处时代的经济基础,是背离儒家价值、流于形式的崇古政治,反倒进一步激化了西汉后期以来日益尖锐的社会矛盾。

绿林举义，赤眉拔营。

秦汉

[**注释**] 绿林：绿林军，因义军最开始驻扎在绿林山（今湖北京山境内），故有此名。

赤眉：赤眉军，因士兵将眉毛涂红，故称赤眉军。

[**释文**] 绿林军斩木揭竿，扯旗造反；赤眉军拔营出征，对抗朝廷。

[**背景**] 王莽的托古改制造成政治和社会秩序的极大混乱，触动了上至豪强、下及平民的利益。加之天灾不断，终使民变四起，盗贼横行，海内分崩。南郡（今湖北荆州）、江夏郡（今属湖北地区）爆发饥荒，百姓纷纷到山泽中采挖野菜充饥。当地人王匡、王凤被灾民推为首领，在绿林山中形成一支反叛新莽的军事力量。王莽派兵镇压，被绿林军击败。绿林军乘势攻克周边城邑，释放监狱囚徒，以官仓粮食赈济饥民。在声势浩大的绿林军影响下，西汉宗室刘縯、刘秀兄弟起兵于舂陵（今湖北枣阳），并与绿林军会合，共同抵抗新莽政权。与此同时，樊崇在莒州（今山东莒县）扯旗造反。樊崇率部转战泰山，在与新莽军队厮杀前，令兵卒将眉毛涂红以相识别，故军队号称赤眉军。在樊崇的指挥下，赤眉军基本消灭了新莽在中原的主力，占据今山东、江苏北部、河南北部一带。

更始徙宛，建世踞京。

[注释] 更始：更始帝刘玄，西汉皇族后裔，为绿林军所立。

徙：徙居。

宛：宛城，在今河南南阳。

建世：建世帝刘盆子，西汉皇族后裔，为赤眉军所立。

京：京师长安。

[释文] 更始帝刘玄移驻宛城；建世帝刘盆子盘踞京师。

[背景] 公元23年，绿林军利用起义军将士心中的正统观念，拥立西汉皇室后裔刘玄为帝，恢复汉朝，年号更始，史称更始帝。刘玄以王匡、王凤为上公，封同为西汉皇室后裔的刘縯为大司马、刘秀为太常偏将军。同年，刘縯攻克宛城（今河南宛城），更始帝移驻宛城，迁都于此。同时，刘秀率绿林军在昆阳（今河南叶县）城下与新莽军队展开决战，四十余万朝廷军队溃散（史称"昆阳之战"），新莽政权瓦解。宛城之战与昆阳之战使刘縯、刘秀兄弟威名远播，积攒了充分的政治声望，而刘玄深感威胁，难以安枕。刘玄遂借故将刘縯杀害，而刘秀强忍悲愤，快马返回宛城向更始帝谢罪，表示兄长犯上，自己亦有过错。刘秀的委曲求全使其非但未获罪，反被拜为破虏大将军、武信侯。同年，绿林军攻入长安，王莽被杀，其首级被送往刘玄处。王莽生前曾一度被认为是西汉的"周公再世"，是儒家标准下最理想的统治者；而在死后，王莽遗臭万年，被视为伪君子、野心家，令人唏嘘。公元25年，赤眉军拥立西汉皇族后裔、放牛娃刘盆子为帝，年号建世，史称建世帝。未几，樊崇率三十万赤眉军包围关中，绿林军将领开城投降，更始政权败亡，赤眉军入主京师长安。

汉光武帝 刘秀

秀伸炎汉,庄梦神明。

[注释] 秀:汉光武帝刘秀,西汉景帝后裔,东汉开国皇帝。

伸:延伸,延续。

炎汉:汉朝自属火德,故称炎汉。

庄:汉明帝刘庄,光武帝四子,东汉第二代皇帝。

[释文] 光武帝刘秀延续汉祚;汉明帝刘庄夜梦神明。

[背景] 新莽政权初灭时,黄河以北各州郡俱在观望徘徊,未曾归附。更始帝派遣刘秀北渡黄河,为绿林军招抚河北诸郡。这一放虎归山的行为使刘秀迅速崛起,并与更始政权决裂。公元25年,在绿林军与赤眉军混战之际,刘秀在鄗城(今河北省邢台)称帝,国号仍为汉,史称东汉。尔后,刘秀挥师西进,招降关中已是兵困粮乏的赤眉军。刘秀又先后消灭西北的隗嚣和巴蜀的公孙述等割据政权,于公元36年再次实现汉并天下,为汉朝延祚二百年。光武帝才兼文武,在统一全国之后仍勤于政事,奉行与民休息的宽仁之政,使西汉末期以来被严重破坏的社会经济得到恢复,后世称"光武中兴"。公元57年,刘秀之子刘庄即位。刘庄对内制约外戚、限制豪强,对外遣窦固、耿秉领军击败匈奴于蒲类海(今新疆巴里坤湖),逐渐恢复汉家王朝对西域的统治。刘庄曾梦一高大金人,顶有光明,遂向群臣详述梦中所见。有臣下说此为西域的佛陀,于是刘庄遣人赴天竺求取佛经,并于洛阳建立中国第一座佛教庙宇——白马寺。

章炟宽赦,和肇廓清。

秦汉

[注释] 章炟:汉章帝刘炟,汉明帝五子,东汉第三代皇帝。

和肇:汉和帝刘肇,汉章帝四子,东汉第四代皇帝。

廓清:澄清,肃清。

[释文] 汉章帝刘炟宽疏刑罚;汉和帝刘肇肃清朝堂。

[背景] 汉明帝在位时,采用严刑峻法巩固其帝国统治。而公元75年刘炟即位后,一改明帝之苛察,事从宽厚,施行宽政,以儒家宗旨治国。汉章帝禁用酷刑,采纳尚书陈宠意见,废除刑罚残酷的条文五十余条,又命罪人减刑迁到边境地区。在光武帝、明帝、章帝三代帝王半个世纪的经营之下,东汉国力渐强、经济发展、社会稳定,"光武中兴"后迎来"明章之治"。公元88年,刘肇即位,是为汉和帝。和帝年幼,窦太后临朝听政。窦太后将其兄窦宪委命为侍中,掌管朝廷机要;又以其弟窦笃任虎贲中郎将,统领皇家禁卫;窦景等任中常侍,地位显赫,窦氏外戚皆掌管要地,从而把控帝国行政中枢,此为东汉外戚专权百年之肇始。正在窦氏家族炙手可热之时,一向隐忍不发的汉和帝于公元92年突然发动政变,逮捕并处死窦氏党羽,收缴窦宪的大将军印信绶带,令其同窦笃、窦景等一并前往各自封国,后勒令自杀。"窦氏之祸"遂解,朝堂肃清。汉和帝亲政期间,东汉国力鼎盛,有"永元之隆"之称。

班超抚远,窦宪勒铭。

[注释] 班超:东汉外交家、军事家,曾出使西域。

窦宪:东汉名将、外戚,曾大破匈奴,刻石勒功。

勒铭:镌刻铭文。

[释文] 班超出使西域,镇抚远方;窦宪北伐匈奴,勒碑刻铭。

[背景] 班超原本负责为官府抄写文书,但其生性果断坚毅,早有效力边疆的志向。自王莽篡汉后,西域诸国便脱离中央王朝管辖,为北匈奴所控制。公元73年,班超毅然投笔从戎,随大将窦固西征北匈奴,大败呼衍王。不久,班超又奉命率壮士三十六人出使西域,在鄯善国攻杀匈奴使者百余人,又镇抚于阗、疏勒等国,使西域重归中原王朝怀抱。班超为东汉出镇西疆三十一年,被朝廷封为定远侯,后人称之为"班定远"。东汉窦太后临朝称制时,国舅窦宪曾擅杀与其有怨的大臣和皇室宗亲,被太后幽禁。窦宪恐伏诛,遂主动请缨出击北匈奴,以赎死罪。公元89年,出身纨绔子弟的窦宪如有神助,竟与耿秉出塞三千里,在稽落山(今蒙古国汗呼赫山脉)一举击溃北匈奴。窦宪、耿秉遂登燕然山(今蒙古国杭爱山),令文豪班固(班超之兄)撰《封燕然山铭》,刻石纪功乃还。一千多年后,人们居然真的在蒙古国杭爱山的崖壁上发现了燕然勒功的遗迹。后世常将东汉窦宪的"燕然勒功"与西汉霍去病的"封狼居胥"并列,作为古代将领成就不世之功的典故。

阉秽执柄，外戚振缨。

秦汉

[注释] 阉秽：对宦官的蔑称。

执柄：执掌国家权柄。

外戚：帝王的母族或妻族。

振缨：抖动头冠上所系的带子，指出仕为官。

[释文] 宦官以皇帝之宠执掌国政；外戚以血缘之亲鸡犬升天。

[背景] 自汉章帝以降，宦官与外戚交替秉政。东汉在引入外戚作为维系皇权的政治工具时，未能及时制约其势力的恶性膨胀。自窦氏擅权伊始，邓氏、阎氏、梁氏、董氏、何氏先后粉墨登场，以椒房之亲、舅氏之昵，总据枢机，出纳王命。东汉虽得以享国二百年，然其亡国之祸根，早在章帝驾崩、窦太后称制时已经埋下。而小皇帝长大后，不甘受制于人，遂依靠宦官发动政变铲除外戚，夺回大权，之后便重用宦官，以致后者飞扬跋扈。和帝之时，因诛除窦宪有功，宦官得以封侯。安帝时期，宦官势力壮大，嬗变为一股影响政治格局的重要力量。至顺帝以后，宦官势力空前壮大，竟足以册立皇帝、诛杀外戚、封侯为官。但随着皇帝去世，储君继位，其母族外戚得以弹冠相庆，再次翻云覆雨于朝堂，使东汉政局在外戚与宦官此消彼长的循环往复中艰难维系。直至东汉末年，宦官与外戚在内乱中随着东汉的覆灭一起退出历史舞台。

邓辞壮岁，隆殇幼龄。

[注释] 邓：太后邓绥。

辞：辞世。

壮岁：壮年。

隆：汉殇帝刘隆，汉和帝幼子，东汉第五代皇帝。

殇：未到成年即死亡，这里也暗合刘隆的谥号"殇"。

[释文] 太后邓绥盛年而逝；殇帝刘隆幼龄即夭。

[背景] 公元105年，汉和帝早逝，出生刚满百日的刘隆继位，二十五岁的邓绥以太后之尊临朝听政。但刘隆未满周岁而夭折，是中国帝王中即位年龄最小、寿命最短的皇帝，故有殇帝之称。邓绥遂与其兄邓骘迎立章帝之孙刘祜即位，是为汉安帝，朝政大权仍在邓氏手中。邓绥临朝称制十六年，史上颇有德称。在其执政期间，邓绥对内使东汉安度水旱十年的危局，对外派兵平定西羌之乱，被誉为"兴灭国，继绝世"。邓绥吸取前代窦氏外戚恣意妄为终遭灭顶之灾的教训，始终对握有重权的邓骘兄弟严加约束。邓氏兄弟虽位极人臣却不若窦宪般残杀异己，也不似后来的梁冀之流祸国殃民，因此史料中难觅其劣迹。邓绥所重用的宦官蔡伦更是举世闻名，其贡献已远超东汉一朝，甚至直接影响了人类文明史。作为活跃在东汉由盛而衰的历史转折点的关键人物，邓太后为国家倾注心血，于公元121年壮岁而终。

阎姬负恃，安祜巡行。

秦汉

[**注释**] 阎姬：汉安帝皇后阎氏。

负恃：仗恃，凭借。

安祜：汉安帝刘祜，汉章帝之孙，东汉第六代皇帝。

[**释文**] 阎姬仗恃宠爱，胡作非为；刘祜南下巡行，死于途中。

[**背景**] 邓太后既死，安帝获得了政治上的解放。此时恰有受到过邓绥惩罚的婢女诬告邓悝、邓弘、邓闾谋反，汉安帝借此大做文章，处死邓悝等；邓骘则被免官归郡后遭到地方官员迫害，蒙冤而死。大司农朱宠面对邓骘无罪遇祸，遂仗义执言，为邓氏鸣冤："兄弟忠孝，同心忧国，宗庙有主，王室是赖。功成身退，让国逊位，历世外戚，无与为比。"汉安帝迫于舆论压力，命令妥善安葬邓骘。阎姬为汉安帝皇后，深受宠爱。阎姬无子，见安帝与宫人李氏生下皇子刘保，竟以毒酒将李氏鸩杀。刘祜亲政后，阎姬的兄弟阎显、阎景、阎耀、阎晏等得以鸡犬升天，权倾一时；阎氏家族七八岁的孩童甚至得封黄门侍郎。公元124年，阎姬与宦官江京、樊丰等诬陷皇太子刘保，废其为济阴王。次年，汉安帝与阎姬南下巡游，行至宛城而患病，待抵达叶县（今河南省叶县南）后，刘祜病情恶化，在弥留之际已无法言语，只能凝视着阎姬，死于车中。阎姬封锁安帝驾崩的消息，回到都城后方为刘祜发丧。

懿顺饮恨，宦者彰名。

[注释] 懿：北乡侯刘懿，也称东汉前少帝，汉章帝之孙，东汉第七代皇帝。

顺：汉顺帝刘保，汉安帝之子，东汉第八代皇帝。

彰名：扬名。

[释文] 北乡侯、汉顺帝受制于人，含恨而终；宦官集团有定策之功，立身扬名。

[背景] 阎姬意欲独揽朝政，遂图谋迎立幼主，与阎显等人拥立汉章帝之孙北乡侯刘懿为皇帝。刘懿受制于阎氏，即位不过半年便染疾而死。宦官江京又与阎姬、阎显征调济北王、河间王的王子进京。在新主未立之时，宦官孙程等诛杀江京，迎立汉安帝的废太子刘保为帝，是为汉顺帝。顺帝将阎氏兄弟及其党羽全部诛杀，迁阎姬于离宫，其家属流放到南方。参与政变的孙程等十九位宦官因有定策之功，悉数封侯。汉顺帝为人软弱无能，其皇位得于宦官，也将朝政大权委于宦官。宦官又与汉顺帝的梁氏外戚勾结，继而引发梁氏专权。汉顺帝时期，先后以皇后梁妠之父梁商、兄梁冀为大将军，时人张纲见朝政腐败，国家积弊，遂有"豺狼当道，安问狐狸"之感慨。范晔在撰写《后汉书》时曾评价汉顺帝："古之人君，离幽放而反国祚者有矣，莫不矫鉴前违，审识情伪，无忘在外之忧，故能中兴其业。观夫顺朝之政，殆不然乎？"

冲拥襁褓，质殒内廷。

[注释] 冲：汉冲帝刘炳，汉顺帝之子，东汉第九代皇帝。

拥：拥立。

质：汉质帝刘缵，汉章帝刘炟之玄孙，东汉第十代皇帝。

[释文] 汉冲帝刘炳被拥立于襁褓之中；汉质帝刘缵殒命于深宫之内。

[背景] 公元144年，汉顺帝驾崩，皇后梁妠立尚在襁褓中的刘炳为皇帝。梁妠为皇太后，临朝摄政，其兄梁冀为大将军。次年，刘炳病死，梁妠和梁冀立八岁的刘缵为皇帝，朝政大权尽出于梁冀。梁冀和宦官勾结，又结党营私、滥杀忠良，为害冲、质、桓三朝二十年。汉质帝虽然年幼，却很聪颖，因不满梁冀在朝堂上的专横骄纵，便在群臣朝会时称其为"跋扈将军"。梁冀于是衔恨在心，认为刘缵虽幼，却聪慧早熟，更是一国之君，待其年长后必难以挟制，遂决心除之。公元146年，梁冀指使安插在刘缵身边的亲信将其毒杀，另立刘志，是为汉桓帝。梁氏家族前后封侯者九人，三人为皇后、六人为贵人、三人为驸马；另有大将军二人，官至卿、将、尹、校者五十七人。东汉外戚至梁氏时已发展到顶峰，不仅可以专擅朝纲，还能左右皇帝废立，其跋扈可见一斑。

梁折佞幸，党锢桓灵。

[注释] 梁：大将军梁冀，东汉外戚、权臣。

佞幸：因谄媚而得到宠幸之人，这里指宦官。

党锢：即"党锢之祸"，为东汉桓灵二帝时期士大夫集团与宦官集团发生的政治斗争事件。党，党人，朋党；锢，禁锢，指终身不得为官。

桓灵：东汉桓帝、灵帝的并称。汉桓帝刘志，汉章帝曾孙，东汉第十一代皇帝；汉灵帝刘宏，汉章帝玄孙，东汉第十二代皇帝。

[释文] 外戚梁冀绝命于宦官之手；党锢之祸兴起于桓灵之时。

[背景] 梁冀威行内外，百僚侧目，莫敢违命。面对梁冀的嚣张跋扈，桓帝依照和帝、顺帝联合宦官诛灭外戚的先例，与宦官单超、左倌、徐璜、具瑗、唐衡五人共谋诛梁。公元159年，桓帝命单超调拨军队突袭梁府，收缴梁冀官印。梁冀自知必死无疑，遂自杀。梁氏外戚一族被悉数处决，朝野上下莫不相庆。五宦官因诛梁有功，被同日封侯，东汉朝政再次落入宦官之手。而就在外戚擅权与宦官干政周而复始的闹剧中，东汉的统治危机一步步加剧。面对奸佞当道的局面，朝野上下有识之士开始联合起来对宦官集团进行严厉的抨击，但被后者污蔑为谤讪朝廷的朋党。最终，这起政治事件以终身禁锢党人的仕途为结局（史称"党锢之祸"）。公元168年，汉灵帝刘宏即位，曾被终身罢黜的党人被再次启用，但在宦官势力的强烈反扑下，大狱再起，第二次"党锢之祸"随之爆发，这场忠良之士对宦官集团的制约也以失败告终。桓灵二帝时期的党锢事件是统治集团内部权力激烈斗争的外化，严重阻塞了士人阶层的上升渠道，使宦官集团更加有恃无恐，朝政日益腐朽不堪。

何进犬豕，董卓鲵鲸。

秦汉

[注释] 何进：大将军何进，东汉外戚、权臣。

犬豕：即狗猪，比喻思虑浅薄之人。

董卓：汉末军阀、权臣。

鲵鲸：比喻凶恶之人。

[释文] 何进犹豫不决，浅鄙如犬豕；董卓豺狼当道，凶残似鲵鲸。

[背景] 公元184年，贫苦的底层农民在巨鹿人张角的号召下，头戴黄巾，以"苍天已死，黄天当立。岁在甲子，天下大吉"为口号，黄巾起义的风暴席卷东汉地方州县。公元189年，东汉最后掌握实权的皇帝汉灵帝去世，长子刘辩即位，与前朝如出一辙，朝政大权由其母何太后和母兄何进把持。何进欲诛灭宦官集团，然何太后念及宦官对其有旧恩，拒绝何进诛杀宦官的提议。在中军校尉袁绍的建议下，何进居然密诏西北军阀董卓进京，以威胁太后，铲除宦官。典军校尉曹操则认为何进"沐猴而冠带，智小而谋强"，为诛杀宦官而引狼入室无异于小题大做。正在何进对诛杀宦官仍犹豫不决时，相互倾轧百年的宦官集团和外戚势力间的矛盾终于总爆发——何进被宦官刺杀于宫门，袁绍又带兵入宫，杀尽宦官集团。在激烈的火并中，以进京勤王为名的董卓乘虚而入，又诛灭何氏一族。随着宦官集团覆亡，东汉最后一个外戚家族也被诛灭。当外戚与宦官的百年纠葛尘埃落定后，东汉对中央和地方的统治也一并瓦解。

弘农泛梗，陈留飘萍。

[注释] 弘农：弘农王刘辩，汉灵帝长子，东汉第十三代皇帝。

陈留：陈留王刘协，即汉献帝，汉灵帝次子，东汉末代皇帝。

泛梗、飘萍：比喻转徙流离，漂泊无依。

[释文] 弘农王刘辩避祸出宫，漂泊在外；汉献帝刘协转徙流离。

[背景] 在袁绍诛灭宦官集团时，宦官张让、段珪等人裹挟刘辩及其异母弟陈留王刘协仓皇出逃。河南中部掾闵贡见天子蒙尘，遂率领骑兵救驾，在黄河边赶上刘辩一行。闵贡乃宰羊进上，厉声斥责宦官祸国乱政。张让等人知死期已到，向刘辩叉手拜别后投河而死。刘辩返京，董卓率文武百官奉迎皇帝。刘辩见董卓大军，竟语无伦次；而陈留王刘协则从容不迫，对答如流。董卓见状，认为陈留王聪明伶俐，且又是自己同族董太后所养，遂废刘辩为弘农王，以陈留王刘协为帝，是为汉献帝。次年，山东诸地刺史、州牧、太守等起兵讨伐董卓，董卓毒杀弘农王及何太后，迫使献帝迁都长安。尔后，司徒王允挑拨董卓大将吕布将其诛杀；董卓部将李傕、郭汜又击败吕布，诛杀王允，挟持献帝。不久，李傕、郭汜火并，汉献帝在董承等人的护卫下，自长安辗转东归洛阳。公元196年，董承忧虑朝局，遂秘召兖州牧曹操勤王，汉献帝与董承等文武百官在曹操的护卫下又迁往许县（今河南许昌）。至此，一个新时代的大幕徐徐拉开，中国历史由东汉步入战火纷飞的三国时代。

魏晋

魏晋

俊杰横槊，旌旆蔽空。汉献傀儡，魏武枭雄。操削河北，策霸江东。
刚柔刘备，忠义关公。乌巢粟米，赤壁艨艟。孙权伟略，周郎奇功。
襄樊水涌，夷陵火攻。孔明上智，阿斗中庸。丕窥江左，叡驾关中。
司马肘腋，诸葛股肱。曹芳稚子，太傅衰翁。仲达诱爽，景师问松。
亮除元逊，休缚子通。昭虽专擅，髦岂苟生。炎登宝殿，奂遣金墉。
亡吴浑濬，破蜀邓钟。禅非思蜀，皓反讽充。三分乃并，九域复同。
淫奢晋武，愚钝惠衷。八王血雨，五胡腥风。怀炽讨越，愍邺稽聪。
王马与共，敦隗相争。睿憎首恶，绍惩次凶。成衍夭逝，康岳早终。
穆聃南面，将军北征。丕入大统，奕出九重。桓温骄纵，谢安雍容。
简文忧死，孝武魇崩。玄封十郡，裕斩六龙。宗罹谣谶，文弑桐宫。

俊杰横槊,旌旆蔽空。

魏晋

[**注释**] 俊杰:英杰、豪杰。

横槊:横持长矛。

旌旆:旌旗。

蔽空:遮蔽天空。

[**释文**] 英雄上马横槊,慷慨豪迈;军队旌旗蔽空,气势宏伟。

[**背景**] 自东汉分崩,中国历史迎来了近百年的分裂时代。古典名著《三国演义》生动传神的刻画更使这一时期的历史家喻户晓。黄巾起义的爆发迫使东汉朝廷将军政大权下放地方,使地方州牧有效围剿起义军。黄巾起义虽被平定,但地方豪强从此拥兵自重,割据一方,视汉帝如无物。后董卓进京,祸乱朝纲,关东诸侯袁绍、曹操、袁术(袁绍之弟)、孙坚等纷纷举兵讨之。董卓伏诛,汉帝转徙流离,几经漂泊为曹操奉迎。此时的汉家天下已分崩为辽东的公孙度、黄河以北的袁绍、黄河以南的曹操、淮南的袁术、徐州的吕布、江东的孙策、荆州的刘表、巴蜀的刘璋、汉中的张鲁和西北的韩遂、马腾等。一代枭雄曹操是上承东汉群雄逐鹿,下启魏蜀吴三足鼎立的关键人物,苏轼曾在《赤壁赋》中形容其"舳舻千里,旌旗蔽空,酾酒临江,横槊赋诗,固一世之雄也"。

汉献傀儡，魏武枭雄。

[**注释**] 汉献：汉献帝刘协。

魏武：魏武帝曹操，东汉权臣，曹魏政权的奠基人。

[**释文**] 刘协虽为皇帝，不过形同傀儡；曹操本是臣子，终成乱世枭雄。

[**背景**] 投奔曹操的刘协仅仅是徒有其名的皇帝，而曹操却得以总揽朝政，"挟天子以令诸侯"，以汉帝的旗帜讨伐群雄。时刘备被吕布击败，归附曹操，遂有脍炙人口的"煮酒论英雄"之典故。尔后，曹操俘杀占据徐州的吕布、击败割据淮南而僭号称帝的袁术，得传国玉玺。公元199年，汉献帝不甘为傀儡，乃血书衣带诏，令董承诛曹。董承与刘备、种辑、吴子兰、王子服、吴硕等密谋。事情败露，董承等人被满门抄斩。曹操余怒未消，携剑入宫，在汉献帝面前将已有身孕的董承之女董妃缢杀。伏皇后畏惧，写信给父亲伏完，言曹操之残虐，希望父亲效法董承诛除曹操，然伏完未敢行动。多年后，伏皇后的行为被曹操所知，曹操威逼刘协废后，并令郗虑、华歆带兵包围皇宫搜捕皇后。伏皇后披发赤脚被拖出，向刘协求救。刘协无奈道："我亦不知命在何时！"又转头问郗虑："郗公！天下有这样的道理吗？"伏皇后被幽禁而死，其与刘协所生之子亦被毒杀，伏氏宗族被处死者百余人。

操削河北，策霸江东。

[注释] 操：曹操。

河北：黄河以北。

策：孙策，吴国的奠基人。

[释文] 曹操削平黄河以北，统一中原；孙策称霸长江以东，雄踞江表。

[背景] 衣带诏事泄前，刘备恐为曹操所不容，遂袭杀徐州刺史车胄，占据徐州（今苏北地区）。曹操认为刘备为当世人杰，若不早日击杀则必生后患，遂破刘备，擒关羽。刘备向北转投袁绍。袁氏家族自袁绍曾祖袁安以下"四世三公"，家门显赫。此时的袁绍盘踞在黄河以北，据有冀、青、并、幽之地，是北方最强大的割据势力。公元200年，袁绍发布讨曹操檄文，指责其"豺狼野心，潜包祸谋"。双方于官渡（今河南中牟）对垒，曹操名微众寡，粮草即将耗尽。恰在此时，袁绍的谋士许攸因家人被捕而投奔曹操，建议其奇袭乌巢（今河南延津），毁其辎重。曹操依其计谋，在乌巢尽烧袁绍粮草。袁军崩溃，袁绍狼狈退回河北，两年后忧郁而死（史称"官渡之战"）。孙坚曾参与讨伐董卓，后奉袁术之命攻打荆州牧刘表时战死。孙坚之子孙策、孙权兄弟常跟随袁术左右。袁术将孙坚旧部千人交还孙策统领，孙策得以创业江东，并在数年内称霸江表，奠定东吴八十年基业。"官渡之战"期间，孙策欲奇袭曹操所在的许都，却在打猎时被刺客射中。临死前，孙策将国家权柄托付给十八岁的弟弟孙权。

刚柔刘备，忠义关公。

[注释] 刚柔：刚柔相济。

刘备：汉昭烈帝刘备，蜀汉先主。

关公：关羽，刘备结拜兄弟，蜀汉名将，后世尊称关公。

[释文] 刘备刚柔并济，百折不挠；关羽勇冠三军，忠义千秋。

[背景] 曹操生擒关羽后，拜为偏将军，礼之甚厚。曹操欲留关羽为己所用，然关羽道："吾极知曹公待我厚，然吾受刘将军厚恩，誓以共死，不可背之。吾终不留，吾要当立效以报曹公乃去。"关羽遂在"官渡之战"中为曹操斩袁绍大将颜良，曹操上表汉献帝封其为汉寿亭侯。关羽尽封曹操赏赐，拜书告辞，投刘备而去。曹操敬其忠义，对左右说："彼各为其主，勿追也。"此时刘备欲脱离袁绍，遂以联合荆州牧刘表为由，南下汝南（今河南汝南）。曹操亲伐刘备，刘备遂投靠刘表。刘表以上宾之礼款待，安排其驻扎新野（今河南新野）。刘备在荆州数年，觉老之将至而寸功未立，常有髀肉之叹。但也正是在这里，刘备礼贤下士，三顾茅庐，终于遇到了自己一生的贵人——诸葛亮。公元208年，荆州牧刘表病死，次子刘琮继承其官爵，在蔡瑁、张允的辅佐下掌管荆州。

乌巢粟米，赤壁艨艟。

[注释] 乌巢：今河南延津。

粟米：粮食。这里指军队的粮草。

赤壁：湖北省武昌西南赤矶山。

艨艟：亦作蒙冲，即古代战舰。

[释文] 在乌巢囤积成山的粮米；在赤壁列阵排开的战舰。

[背景] 曹操在乌巢火烧粮草助其取得"官渡之战"的大捷，继而乘势消灭袁氏，尽取河北，统一中原。曹操既已成为中国北方的霸主，遂有南图之意。公元208年，曹操大军南下，欲一鼓作气并吞荆州、江东，统一华南。刘琮在蔡瑁、张允等人的劝说下以荆州之地归降曹操。刘备见状南奔，在当阳（今湖北当阳）被曹军追上。幸有张飞在长坂坡断后、赵云单骑救主，才使刘备全家得以保全。刘备率军逃抵夏口（今湖北汉口），遣诸葛亮赴江东孙权处求援。曹操占据江陵（今湖北荆州），写信威胁孙权："近者奉辞伐罪，旌麾南指，刘琮束手。今治水军八十万众，方与将军会猎于吴。"江东群臣听罢莫不响震失色，遂分为主战和主降两派：鲁肃、周瑜主张抗击曹操，而老臣张昭却力主言和。张昭认为：曹操虎狼之人，挟天子以征四方。江东本可以依靠长江天险以拒曹操。但今曹操已得荆州，又有刘表水军上万、艨艟千余，若其水陆并进，江东必危，不如投降朝廷。

孙权伟略，周郎奇功。

[**注释**] 孙权：吴大帝孙权，东吴开国皇帝。

　　　周郎：即周瑜，东吴名将。

[**释文**] 孙权拥有宏图伟略；周瑜缔造不世之功。

[**背景**] 周瑜、鲁肃对孙权晓以利害，认为曹操劳师袭远，已是强弩之末，可以一战。年少有为的孙权不甘将父兄之基业拱手让人，慨然道："老贼欲废汉自立久矣，徒忌二袁、吕布、刘表与孤耳；今数雄已灭，惟孤尚存。孤与老贼势不两立，君言当击，甚与孤合，此天以君授孤也。"孙权拔剑砍断案几，说道："诸将吏敢复有言当迎操者，与此案同！"孙权于是以程普、周瑜分别为左、右都督，与刘备合兵一处。孙刘联军逆水而上，行至赤壁，将正在渡江的曹军击败。曹操遂将水军停至北岸乌林一侧；周瑜则将战船停至南岸赤壁一侧，两军隔江对峙。北方士兵不习水战，曹操便将战舰以铁索首尾相连，使人如履平地。而周瑜则巧用苦肉计，使黄盖诈降于曹操。诈降之日，周瑜命黄盖将数十艘艨艟斗舰满载薪草膏油，外以赤幔伪装。待诈降的战舰逼近曹营，黄盖急令点燃薪草，在东南风的助长下，曹军战舰被吞噬于火海之中，人马死伤无算（史称"赤壁之战"）。曹操引军北还。"赤壁之战"使曹操失去了在短时间内统一全国的可能性，周瑜则因此奇功而名垂史册。

襄樊水涌，夷陵火攻。

[注释] 襄樊：在今湖北襄阳一带，关羽曾水淹七军于此。

夷陵：在今湖北宜昌一带，吴蜀两国曾在此大战。

[释文] 关羽在襄樊水淹七军；陆逊在夷陵火攻蜀营。

[背景] 曹操败于赤壁后，刘备率众夺取荆州南部四郡。公元210年，刘备又自孙权手中借得荆州南郡，从而拥有荆州五郡之地。次年，远在蜀地的益州牧刘璋听闻曹操欲征讨汉中（今陕西汉中）的张鲁，心中惶恐，遂在张松的建议下东迎刘备，以拒曹操。张松建议刘备袭杀刘璋，事泄，被刘璋所杀。刘备遂攻打刘璋，于公元214年包围成都，迫其投降。大半生疲于奔命的刘备终于在益州、荆州站稳脚跟，天下三分之势遂定——曹操雄踞北方、孙权稳居东南、刘备据守巴蜀。次年，孙权认为刘备已占有益州，欲要回荆州，却遭刘备拒绝。公元219年，镇守荆州的关羽孤军北上，讨伐曹操。驻守樊城（今湖北樊城）的守将曹仁求援，曹操遣于禁、庞德前去相助。然樊城暴雨骤起，汉水猛涨，水势冲破曹军大营，关羽乘船围攻，擒于禁，斩庞德（史称"水淹七军"）。此时，孙权遣吕蒙白衣渡江，偷袭关羽后方，关羽败走麦城（今湖北当阳）而死。公元221年，刘备于益州称帝，并挥师东进，为关羽复仇。孙权遣使求和，刘备不许。两军相持半年，蜀军身疲意懈，被东吴名将陆逊在夷陵火烧七百里连营，刘备惨败而还（史称"夷陵之战"）。

孔明上智，阿斗中庸。

[注释] 孔明：诸葛亮，字孔明。蜀汉丞相。

　　阿斗：即刘备之子、蜀汉后主刘禅，小名阿斗。

[释文] 诸葛亮足智多谋，神机妙算；刘禅为人中庸，任用贤明。

[背景] 公元223年，刘备病重，在永安（今重庆奉节）托孤于丞相诸葛亮道："君才十倍曹丕，必能安国，终定大事。若嗣子可辅，辅之；如其不才，君可自取。"诸葛亮潸然泪下道："臣敢竭股肱之力，效忠贞之节，继之以死！"（史称"白帝城托孤"）刘禅即位，是为蜀后主。刘禅乃庸常之君，虽为人暗弱，无甚才华，却知人善任，谨遵先主教诲，事孔明如父，将军国大政悉以委托。孔明则尽心辅国，以报先主知遇之恩。此后十年直至孔明去世，蜀相践行了自己对刘备许下的诺言。诸葛亮足智多谋、料事如神的光辉形象已在后世的文学作品中进行了淋漓尽致的演绎，甚至"多智而近妖"，业已成为中华文化中智慧的化身。此时曹魏强大而吴蜀弱小，吴蜀两国在夷陵之战中国力消耗，均面临北方的巨大压力。诸葛亮遂遣使修好东吴，而孙权也有和谈之意。此后，诸葛亮率军南征，深入不毛之地击败雍闿、孟获，使蜀汉南方稳固，不再有后顾之忧，为挥师北伐奠定了基础。

丕窥江左，叡驾关中。

魏晋

[**注释**] 丕：魏文帝曹丕，曹操次子，曹魏开国皇帝。

江左：吴国所在的江东。古人以东为左、西为右。

叡：魏明帝曹叡，曹丕长子，曹魏第二代皇帝。

关中：指四关之内，即东潼关、西散关、南武关、北萧关，在今陕西中部。

[**释文**] 魏文帝曹丕觊觎江东孙吴；魏明帝曹叡御驾关中长安。

[**背景**] 公元220年，一代枭雄曹操病逝于洛阳，世子曹丕继魏王位。同年，曹丕逼禅汉献帝，即皇帝位，国号魏，追尊曹操为魏武帝。汉献帝刘协结束了三十年的傀儡生涯，被曹丕封为山阳公，得以安度晚年，与四百年的汉家江山一同谢幕。公元221年，孙权因袭杀关羽，惧刘备报复而首尾难顾，遂称臣于曹魏。曹丕封孙权为吴王。但随着陆逊在夷陵攻破刘备，孙权西患尽解，不再听从曹丕号令。公元222年，曹丕率三路大军伐吴，但已然错过了吴蜀内斗的天赐良机，无功而返。公元226年，曹丕驾崩，遗命镇军大将军陈群、中军大将军曹真、征东大将军曹休、抚军大将军司马懿共同辅佐曹叡。次年，驻守新城（今属湖北地区）的孟达在诸葛亮的规劝下欲叛魏降蜀，但计划泄露，被司马懿八日急行一千二百里擒斩。同时，诸葛亮北上伐魏，曹叡派曹真、张郃等人拒敌，并亲往长安压阵。

司马肘腋，诸葛股肱。

[注释] 司马：曹魏大都督司马懿。

　　　肘腋：肘腋之患。

　　　诸葛：蜀汉丞相诸葛亮。

　　　股肱：股肱之臣。

[释文] 司马懿深得魏帝信任，成曹魏肘腋之患；诸葛亮不负先帝所托，乃蜀汉股肱之臣。

[背景] 公元227年，经多年休养生息，蜀汉国力恢复。蜀相诸葛亮向刘禅上《出师表》，认为"南方已定，兵甲已足，当奖率三军，北定中原"，以"攘除奸凶，兴复汉室，还于旧都"，轰轰烈烈的诸葛亮北伐开始。诸葛亮一生五伐曹魏，首次北伐即收复陇右三郡（今甘肃陇西、天水一带），魏国天水守将姜维归附。曹魏震动，但因马谡被张郃大破于街亭（今甘肃天水），北伐功败垂成。诸葛亮泪斩马谡，还于汉中。公元231年，大司马曹真逝世，曹叡改派亲信司马懿屯驻长安，领张郃、郭淮等抵抗诸葛亮。此后的故事在罗贯中笔下可谓荡气回肠、异彩纷呈，为后世津津乐道。孔明一生忠于蜀汉，其"鞠躬尽瘁，死而后已"的形象为后世敬仰，是中国历史上大忠之臣的代表，足以流芳千古，垂范后人。然天不假年，蜀相于公元234年在与司马懿的对峙中出师未捷身先死，含恨病逝于五丈原（今陕西宝鸡）。司马懿战胜了自己一生最敬畏的对手。公元238年，司马懿又带兵平定辽东公孙渊，并屠杀辽东十五岁以上男子七千人。司马懿为曹魏镇守西南、平定东北，以其劳苦功高而位极人臣，终成曹魏肘腋之患。

晋宣帝 司马懿

曹芳稚子，太傅衰翁。

[注释] 曹芳：魏齐王曹芳，曹叡养子，曹魏第三代皇帝，为司马师所废。

稚子：稚童。

太傅：曹魏太傅司马懿，西晋政权的奠基人之一。

衰翁：老翁。

[释文] 魏主曹芳是少不更事的孩童；太傅司马懿是行将就木的老翁。

[背景] 公元239年，魏主曹叡逝世，将八岁的养子曹芳托孤给三朝老臣司马懿及大将军曹爽（曹真之子）。曹爽架空司马懿，借故削夺其兵权，尊为有名无实的太傅。曹爽得以专擅朝政，司马懿为求自保常称病回避。曹爽忌惮深孚众望的司马懿，担心其装病。公元248年，河南尹李胜在前往荆州任刺史前，受曹爽之托试探之。古稀之年的司马懿佯装老态龙钟，不仅将口中粥食流到衣襟，还误以"荆州"为"并州"，令李胜啼笑皆非。司马懿得以瞒天过海。次年，曹爽认为风烛残年的司马懿已是气息奄奄，不足为虑，遂携曹芳出城拜谒位于高平陵的曹叡墓，曹爽兄弟及其亲信皆随同前往。正在此时，洛阳城中空虚，行将就木的司马懿突然"回光返照"，与其子司马师、司马昭等发动政变。司马懿下令紧闭城门，率兵攻占武库，并派兵出城驻扎洛水浮桥，从而控制都城洛阳。司马懿入宫上奏素与曹爽不睦的郭太后，称曹爽兄弟败乱国典、擅权营私，请求罢废之（史称"高平陵之变"）。大司农桓范从洛阳逃出，至高平陵与惊慌失措的曹爽会合，告知洛阳城守备空虚，并力劝曹爽入许昌，以皇帝之名号召全国兵马共击司马懿。

仲达诱爽，景师问松。

[注释] 仲达：即司马懿，字仲达。

爽：曹爽，三国时期曹魏宗室、权臣。

景师：司马懿长子司马师，曹魏后期权臣，西晋政权的奠基人之一，后被追尊为晋景帝。

松：虞松，曹魏官吏。

[释文] 司马懿指洛水为誓，引诱曹爽；司马师见吴军北上，问计虞松。

[背景] 司马懿亦担心曹爽兴兵反击，请朝臣先后写信诱劝曹爽放弃对抗，甚至指洛水为誓，允诺若曹爽交出兵权，便可保其荣华富贵。曹爽既没有其父曹真之胆识，更非老奸巨猾的司马懿之对手。在一番举棋不定后，天真的曹爽相信司马懿只欲削其兵权，遂返洛阳，向太傅认罪。司马懿果然言而无信，诛曹爽及其党羽三族。尔后，司马懿迅速在曹魏内部肃清宗室势力，提拔亲信担任要职，其动机之昭彰可见一斑。从诱诛曹爽这一刻起，怕是尽倾洛河之水，也再难洗净司马氏窃国篡逆之恶名。公元251年，三国历史的关键人物司马懿去世，其长子司马师执掌曹魏军政大权。公元253年，东吴太傅诸葛恪以二十万军队攻曹魏新城（今安徽合肥），蜀汉名将姜维亦挥师北伐。司马师问计于谋士虞松，后者答道："吴兵远来，人多粮少，粮尽自走矣。待其将走，然后击之，必得全胜。但恐蜀兵犯境，不可不防。"司马师深以为然，遂令司马昭引军助郭淮防姜维，以毌丘俭等拒诸葛恪。

亮除元逊，休缚子通。

[注释] 亮：吴会稽王孙亮，孙权幼子，东吴第二代皇帝，为权臣孙綝所废。

元逊：诸葛恪，字元逊，东吴权臣。

休：吴景帝孙休，孙权六子，东吴第三代皇帝。

子通：孙綝，字子通，东吴宗室、权臣。

[释文] 孙亮诛除权臣诸葛恪；孙休绑缚宗室孙綝。

[背景] 在东吴，吴王孙权于公元229年称帝，迁都建业（今南京）。自十七岁继承兄长衣钵至公元252年病逝，孙权掌事东吴逾五十载。孙权驾崩前，太子孙亮尚幼，以诸葛恪、孙峻等处理身后事。同年，司马师乘吴主孙权新亡而攻，被诸葛恪指挥的吴军败于东兴（今安徽含山）（史称"东兴之战"）。公元253年，携"东兴之战"余威的诸葛恪主动出兵伐魏，以二十万之众攻打曹魏新城，却败于司马师。狼狈回到建业的诸葛恪为掩盖罪责、重树权威，便在国内大搞恐怖政治，东吴人人自危。孙峻与孙亮遂以赴宴为名将诸葛恪斩杀于殿内。三年后，孙峻死于伐魏途中，托后事于从弟孙綝。孙綝负贵倨傲，多行无礼，其跋扈嚣张更在诸葛恪之上。孙亮恶之，欲诛孙綝，但谋事不密，被孙綝得知。孙綝举兵包围皇宫，召集群臣历数孙亮罪状，废之，诸臣震怖。孙綝另立孙权六子孙休。公元259年，孙休与张布、丁奉在腊祭之日设宴邀请孙綝。席间，孙綝察觉不妙，欲强行离席，被丁奉、张布示意左右捆绑。孙綝向孙休乞求流放交州或充当官奴，孙休不许，旋斩之。

昭虽专擅，髦岂苟生。

魏晋

[注释] 昭：司马昭，司马懿次子，西晋政权的奠基人之一。

髦：高贵乡公曹髦，曹魏第四代皇帝，曹丕之孙，被成济所弑。

苟生：苟且偷生。

[释文] 司马昭虽然专擅跋扈，可曹髦岂是苟且偷生之人？

[背景] 在北方的曹魏，激烈的政治斗争同样如火如荼。公元254年，魏帝曹芳欲诛杀司马师，被后者发觉。司马师遂废黜曹芳为齐王，改立高贵乡公曹髦为帝。次年，司马师病亡，其弟司马昭为大将军，专揽国政。和郁郁不得志的曹髦相比，司马昭的权势可谓如日中天，文武百官纷纷奏请曹髦将司马昭晋相国、封晋公、加九锡，昔王莽、曹操皆受九锡之礼，加九锡已成为臣子取皇帝而代之的惯例。公元260年，曹髦召见王沈、王经、王业，对他们说出了振聋发聩、流传千古的名言："司马昭之心，路人皆知！"曹髦认为与其坐以待毙，不如孤注一掷诛杀司马氏。王沈、王业骇然，遂出奔禀告司马昭。曹髦于是拔剑登辇，率领殿中宿卫自宫中鼓噪而出，欲与司马昭玉石俱焚。皇帝车驾遇司马昭之弟司马伷及其部众，曹髦厉声呵斥，司马伷部众退散。司马昭亲信贾充率众赶来，与曹髦战于南阙之下，曹髦亲自挥剑拼杀。贾充将败，遂向太子舍人成济吼道："司马公畜养汝等，正为今日。今日之事，无所问也！"成济遂抽出长戈刺向曹髦，天子崩于车中，年仅十九岁。

炎登宝殿，奂遣金墉。

[注释] 炎：西晋武帝司马炎，司马昭长子，西晋开国皇帝。

奂：魏元帝曹奂，曹魏末代皇帝，曹操之孙，被司马炎所废。

金墉：金墉城，曹魏时期洛阳城西北角上一小城，系安置魏晋时被废的帝后所用。

[释文] 晋武帝司马炎荣登大宝，开创新朝；魏元帝曹奂遣至金墉，曹魏遂亡。

[背景] 无论是曹髦之前的刘协还是其后的曹奂，都以傀儡之身完成了改朝换代的历史使命，得以寿终正寝。而曹髦却以玉碎的决绝，使曹氏先祖的血性在三国历史上最后一次闪耀，不愧为悲壮的英雄天子。司马昭为堵悠悠众口，以大逆不道罪诛杀成济一族。司马昭另立曹操之孙曹奂为帝，是为魏元帝。公元 265 年，司马昭病死，其子司马炎继任相国、晋王之位。同年，司马炎逼禅曹奂，建立西晋，曹魏亡。曹奂被迁居到金墉城，获封陈留王。司马家延续了曹氏善待汉献帝的传统，准许曹奂在封国内使用天子旌旗，行魏正朔，上书不称臣，受诏不下拜。自公元 249 年"高平陵之变"起，司马氏集祖孙三代四人之力，经司马懿诛曹爽、司马师废曹芳、司马昭弑曹髦、司马炎代曹奂，耗费十六年之久终于窃取曹魏天下。几十年后，司马家的后人、晋明帝司马绍在听王导讲述这段历史时曾掩面唏嘘道："若如公言，晋祚复安得长远！"

亡吴浑濬，破蜀邓钟。

魏晋

[注释] 浑濬：王浑、王濬，西晋将领，平吴功臣。

邓钟：邓艾、钟会，司马昭亲信，主持灭蜀。

[释文] 王浑、王濬灭亡东吴；邓艾、钟会击破西蜀。

[背景] 在晋武帝受禅前的公元263年，司马昭遣邓艾、钟会、诸葛绪兵分三路伐蜀：西路邓艾主攻驻守沓中（今甘肃舟曲）的姜维，中路诸葛绪进攻武都（今甘肃成县）包抄，东路钟会主攻汉中。在与邓艾、诸葛绪的交战中，姜维闻钟会已入汉中，遂直奔东路抵挡钟会。钟会诬告诸葛绪畏敌不前，将其押回治罪，随即统领大军南下，与姜维对峙于剑阁（今四川剑阁）。邓艾则率精锐绕道阴平（今甘肃文县），奇袭江油（今四川江油），攻克诸葛瞻（诸葛亮之子）把守的绵竹（今四川德阳），兵临成都。后主刘禅惊恐失措，在主和派朝臣的怂恿下降于邓艾，蜀汉亡。次年，吴主孙休去世。孙休虽有子嗣，但朝臣恐于蜀汉既亡，东吴须有长君治国，以安社稷，遂立孙皓为帝。孰料孙皓是三国历史上著名的暴君，其暴虐荒淫加速了东吴的覆灭。公元280年，晋武帝司马炎以二十万大军六路伐吴。王浑、王濬、司马伷等率大军进抵长江北岸，遥望吴都建业。正如唐诗所言："王濬楼船下益州，金陵王气黯然收。"孙皓自缚请降，东吴亡。

禅非思蜀，皓反讽充。

[注释] 禅：蜀汉后主刘禅。

皓：孙皓，孙权之孙，东吴末代皇帝。

反：反而。

充：贾充，司马昭亲信，西晋开国元勋。

[释文] 安乐公刘禅并非思念故土；归命侯孙皓反而讽刺贾充。

[背景] 刘禅、孙皓俱为亡国之君，为司马氏所俘虏，但司马氏并未加害之，而是分别封为安乐公、归命侯，豢养在北方。一日，司马昭与刘禅宴饮，令人表演蜀国歌舞。蜀人皆为之感怆，唯刘禅嬉笑自若。司马昭问刘禅："颇思蜀否？"刘禅则答曰："此间乐，不思蜀。"司马昭遂对贾充感慨道："人之无情，乃可至于是乎！虽使诸葛亮在，不能辅之久全，而况姜维邪！"刘禅旧臣郤正闻此，悄悄对刘禅说，如果司马昭再问，应该回复："先人坟墓远在陇、蜀，乃心西悲，无日不思。"果然司马昭复问刘禅，刘禅则以郤正所教回答。司马昭笑道："何乃似郤正语邪！"刘禅一惊，随后憨笑承认。司马昭捧腹大笑。孙皓归降后，贾充知孙皓在东吴时凶残暴虐，常滥用酷刑，遂挖苦孙皓道："闻君在南方凿人目，剥人面皮，此何等刑也？"孙皓则反唇相讥说："人臣有弑其君及奸回不忠者，则加此刑耳。"作为弑曹髦的罪魁祸首，贾充默然无言。

三分乃并,九域复同。

[**注释**] 九域:九州,指中华大地。

[**释文**] 三分天下并于西晋;九州万方再归一统。

[**背景**] 公元280年的晋灭吴之战是中国历史上第一次大规模突破长江天险的统一战争。昔曹操攻荆州、曹丕伐东吴均受制于长江天险,而司马炎在伐吴前进行了充分的准备。晋军水陆并进、多路齐发,顺流直下迫降东吴,也为后世用兵长江提供了借鉴。至此,三国归于西晋一统。自董卓进京至孙皓归附,神州纷乱已近百年。西晋建立后,司马炎吸取了曹魏倾覆的历史教训,仿汉初刘邦分封大量同姓王以拱卫皇权。然而,他"以史为鉴"的做法不免矫枉过正,反将西晋国运导向了另一个极端。

淫奢晋武，愚钝惠衷。

[**注释**] 淫奢：奢侈淫逸。

晋武：即晋武帝司马炎。

[**释文**] 晋武帝司马炎奢侈淫逸；晋惠帝司马衷愚钝不堪。

[**背景**] 西晋统一后，曾有短暂的"太康之治"，但晋武帝司马炎未尝体会过先辈开创基业的艰辛，在国家安定富足的基础上转而纵情享受。司马炎的后宫有粉黛万人，嫔妃之多以致莫知所适，遂有"羊车望幸"的典故。上有所好，下必甚焉。从庙堂之上到高门之内，骄奢淫逸蔚然成风，更有如"人乳饮猪""恺崇斗富"的前所未闻之举。时人称"奢侈之费，甚于天灾"。公元290年，晋武帝去世，其子司马衷即位，是为晋惠帝。司马衷以继母杨芷为太后，立妃贾南风（贾充之女）为皇后。司马衷智力低下，为中国历史有名的愚痴皇帝。某年国家遭灾，饿殍遍野，司马衷闻之大惑不解，遂以"何不食肉糜"的发问而被贻笑千年。司马衷是一位在宗法制度下被强行推上帝位的悲剧人物，其缺乏掌控复杂政治局势的基本能力，无法发挥皇权在各个势力间的平衡与制约作用，原本尚能维持表面和平的西晋宗室、外戚、官僚集团迅速卷入了疯狂的内斗中。

八王血雨，五胡腥风。

魏晋

[**注释**] 八王：指汝南王司马亮（司马懿四子）、楚王司马玮（司马炎五子）、赵王司马伦（司马懿九子）、齐王司马冏（司马炎之侄）、长沙王司马乂（司马炎六子）、成都王司马颖（司马炎十六子）、河间王司马颙（司马懿三弟司马孚之孙）、东海王司马越（司马懿四弟司马馗之孙）。

五胡：指以匈奴、鲜卑、羯、氐、羌五个少数民族为主的塞外胡人部落，在西晋末年"八王之乱"之际，乘机入主中原，建立少数民族政权，并灭亡西晋。

[**释文**] "八王之乱"使西晋兵连祸结；五胡十六国的纷乱使中原血雨腥风。

[**背景**] 司马衷不能任事，由太傅杨骏辅政。皇后贾南风天性凶狡，乖张暴戾，以惠帝愚钝而为祸朝廷，致西晋内乱。公元291年，皇后贾南风联合司马玮杀杨骏，司马亮入朝为太宰。随后贾南风又杀司马亮、司马玮，再杀杨太后。司马伦起兵进京杀贾南风，自立为帝，以晋惠帝为太上皇，囚于金墉城。司马颖、司马冏、司马颙联合起兵驱逐司马伦，晋惠帝复位，司马冏专权。司马颙又联合司马乂杀司马冏，再与司马颖联合杀司马乂。最终，司马越举兵击败司马颙、司马颖，并控制了皇帝司马衷。公元307年，被八王轮番架空挟持的司马衷去世，司马越扶植司马炽为皇帝，是为晋怀帝。历时十六年的"八王之乱"结束，与之一同结束的是西晋的统治。塞外以匈奴、鲜卑、羯、氐、羌为代表的诸多少数民族趁晋室分崩，伺机南下入主中原，先后建立割据政权，彼此攻伐，以致中原陷入血雨腥风之中。

怀炽讨越，愍邺稽聪。

[注释] 怀炽：西晋怀帝司马炽，司马衷异母弟，西晋第三代皇帝。

越：东海王司马越。

愍邺：西晋愍帝司马邺，司马炎之孙，司马炽之侄，西晋末帝。

稽：稽首，叩头。

聪：前赵皇帝刘聪。

[释文] 晋怀帝司马炽讨伐司马越；晋愍帝司马邺叩首于刘聪。

[背景] 司马越拥立司马炽即位后，改元永嘉，自为太傅，把持朝政。公元311年，司马炽发布檄文讨伐司马越，司马越于同月病死。司马越死后，众人推举王衍为主帅，并护送司马越灵柩返回东海封国。途中，王衍率领的晋军与前赵将军石勒战于苦县（今河南鹿邑）、宁平城（今河南郸城），晋朝的最后一支主要军事力量被围歼。石勒焚烧司马越灵柩，又与被俘的王衍长谈。王衍竟劝石勒称帝，以求苟活。石勒不齿其为人，将王衍诛杀。同年，匈奴人建立的前赵政权攻陷西晋都城洛阳，俘司马炽。因此事发生在西晋永嘉年间，又称"永嘉之乱"。两年后，司马炽被前赵君主刘聪毒杀，司马邺闻讯在长安登基称帝，是为晋愍帝。公元316年，前赵将领刘曜围困长安，晋愍帝出降，西晋亡。此时距西晋建国不过半个世纪，距西晋灭吴仅三十余年。司马邺被押送到前赵都城平阳（今山西临汾），向刘聪叩头跪拜，历经折辱后被杀。

王马与共，敦隗相争。

[**注释**] 王：以王导、王敦兄弟为核心的琅琊王氏家族。

马：司马家族。

敦：王敦，琅琊王氏成员，东晋将领、权臣。

隗：刘隗，东晋大臣。

[**释文**] 王家与司马家共有天下；王敦和刘隗为国事相争。

[**背景**] 在西晋末年中原战乱之际，西晋皇族、司马懿五子司马伷之孙、琅琊王司马睿在琅琊王氏之首王导的建议下南渡建康以避纷乱，中原士族亦相随南迁（史称"衣冠南渡"）。公元317年，司马睿在以琅琊王氏为代表的门阀士族的支持下，在建康登基称帝，是为晋元帝，东晋立国。终东晋一朝，晋室如前朝东吴一般偏安江左。当年司马炎指向朝堂的一个座位对归降的孙皓道："朕设此座以待卿久矣。"而孙皓则答曰："臣于南方，亦设此座以待陛下。"三十余年后，孙皓的戏谑之言竟一语成谶。东晋初年，朝中官员多出自王家或与王家有关之人。时王导主内，运筹帷幄，政令己出；王敦主外，总掌兵权，专任征伐。司马睿登基时，请王导一同接受群臣朝贺，表示愿与王氏共有天下。王导固辞不受，时人谓"王与马，共天下"。为制衡日渐专擅的王敦，司马睿重用亲信刘隗、刁协等，君臣之间渐生嫌隙。公元321年，在刁协的建议下，司马睿以刘隗出镇淮阴（今江苏淮阴），名为抵御北方后赵，实则防备王敦。王敦致信刘隗，欲与修好，为刘隗所拒。随着豫州刺史祖逖去世，王敦唯一的军事威胁解除，遂以诛杀奸臣刘隗为名在武昌（今湖北鄂州）起兵叛乱（史称"王敦之乱"）。

睿憎首恶,绍惩次凶。

[注释] 睿:东晋元帝司马睿,司马懿曾孙,东晋开国皇帝。

绍:东晋明帝司马绍,司马睿长子,东晋第二代皇帝。

[释文] 晋元帝司马睿憎恨祸首王敦;晋明帝司马绍惩治叛乱帮凶。

[背景] 公元322年,王敦向东晋都城建康挺进。司马睿愤恨不已,下诏定王敦为大逆,欲与其决战,诏命刘隗回防建康。刘隗与刁协请求司马睿尽诛王氏,司马睿不许。王导等亦领王氏子弟前来请罪,被司马睿宽恕。王敦兵临建康西部要塞石头城下,守城周札开城投降。司马睿又命刘隗、刁协等率军反攻,被王敦打败。太子司马绍欲带兵与王敦决一死战,但被温峤劝止。王敦来势汹汹,刁协、刘隗退至宫内见司马睿,司马睿呜咽流涕,拉住二人的手劝其远走高飞以避杀身之祸,并派兵护送。刁协在逃亡中被杀,刘隗则投奔后赵。晋元帝脱戎衣,着朝服,派使者向王敦求和,并传话道:"公若不忘本朝,于此息兵,则天下尚可共安也。如其不然,朕当归于琅邪,以避贤路。"王敦并未理会司马睿,径自回镇武昌,遥控东晋朝政。同年,司马睿忧愤而死,司马绍即位。公元324年,司马绍讨伐王敦。王敦在军中病死,司马绍令庾亮、苏峻、温峤等追击王敦党羽,叛乱帮凶被悉数斩杀,"王敦之乱"遂平。

琅琊王 司马睿

成衍夭逝，康岳早终。

[注释] 成衍：东晋成帝司马衍，司马绍长子，东晋第三代皇帝。

夭逝：短命而逝。

康岳：东晋康帝司马岳，司马绍次子，东晋第四代皇帝。

[释文] 晋成帝司马衍短命而逝；晋康帝司马岳青年而终。

[背景] 公元325年，二十六岁的司马绍逝世，年幼的长子司马衍即位，王导、庾亮辅政。帝舅庾亮实行"任法裁物"之政，激化了统治集团内部冲突。公元327年，庾亮强行征召苏峻入朝为官，以夺其兵权。苏峻不从，遂与祖约起兵讨伐庾亮（史称"苏峻之乱"）。庾亮为防备陶侃等军镇势力而拒绝其拱卫京师，加之决策失误，导致苏峻迅速攻陷建康。庾亮出逃，投奔温峤。苏峻未敢加害德高望重的王导，将晋成帝软禁在石头城，并在建康城中纵兵劫掠，致使京邑灰烬，民物凋残。次年，温峤、陶侃起兵讨伐苏峻，后者败亡。东晋立国之初即屡经动荡，可见统治根基不稳，士族豪强皆有蠢动之心，而这一痼疾一直伴随东晋直至灭亡。但也正是因为"苏峻之乱"对东晋门阀破坏之大、教训之深，迫使此后七十年士族官僚间的斗争趋于缓和。公元342年，司马衍年仅二十一岁而终。晋成帝的两个儿子司马丕、司马奕尚幼，于是其弟司马岳即位，是为晋康帝。又二年，晋康帝亦崩，年仅二十二岁。

穆聃南面，将军北征。

魏晋

[**注释**] 穆聃：东晋穆帝司马聃，司马岳长子，东晋第五代皇帝。

　　　　南面：南面而坐。古代以面朝南为尊位，君主临朝南面而坐。

[**释文**] 晋穆帝司马聃南面而坐；东晋将领先后北伐胡虏。

[**背景**] 公元344年，司马岳的皇后褚蒜子携年仅两岁的司马岳之子司马聃即位。此后，褚蒜子在皇帝寿数尤短的东晋三度临朝、扶立六帝，极力维护东晋的统治。公元346年，镇守荆州的桓温上疏朝廷，请求讨伐割据在蜀地的成汉。次年，桓温率兵入蜀，成功灭之，将末主李势遣送建康。灭蜀之功使桓温声望大涨，而东晋朝廷对其颇为忌惮。晋元帝幼子、总理朝政的司马昱遂引扬州刺史殷浩参政，以制衡桓温。公元349年，石虎病亡，后赵内乱。褚蒜子之父褚裒北伐后赵，但被击溃。公元352年，殷浩北伐前秦，大败而归。公元353年，殷浩又欲进据洛阳，反败于姚襄。次年，桓温以殷浩北伐屡败，逼迫朝廷贬其为庶人。桓温亲率晋军北上，击退前秦将苻生，入据关中。关中百姓纷纷箪食壶浆以迎王师，许多老人感怀而泣道："从未想过有生之年还能复见官军！"前秦皇帝苻健坚壁清野，使晋军粮草不继，桓温撤返。桓温邀关中名士王猛一同南归，后者固辞，留于北方，后辅佐苻坚成就霸业。公元356年，桓温厉兵秣马，北伐姚襄，终于收复故都洛阳，树立了其在东晋朝野的至高威望。

丕入大统，奕出九重。

[注释] 丕：东晋哀帝司马丕，司马衍长子，司马岳之侄，东晋第六代皇帝。

奕：东晋废帝司马奕，司马衍次子，东晋第七代皇帝，为桓温所废。

九重：宫门，宫禁。

[释文] 晋哀帝司马丕入继东晋大统；晋废帝司马奕被逐出皇家宫门。

[背景] 公元361年，十九岁的晋穆帝去世，太后褚蒜子认为当初皇位本该由成帝之子司马丕继承，只因司马丕年幼才以司马岳为帝。于是司马丕入继东晋大统，是为晋哀帝。公元362年，桓温为控制晋室，上表请求迁都洛阳，并要求将"永嘉之乱"以来南渡江表者全部北徙，以充实河南之地。朝廷不许。两年后，心有异志的桓温再欲北伐建功，朝廷畏其权势日盛，封桓温为扬州牧、录尚书事，召其入朝参政，桓温则以中原尚未克复为由拒绝。公元364年，二十五岁的司马丕因服食丹药而死，褚太后以其弟司马奕继承帝位。公元369年，早已不受朝廷调遣的大司马桓温亲率步骑五万北伐前燕，被前燕名将慕容垂在枋头（今河南浚县）所阻。桓温粮草耗尽，焚毁辎重，又被慕容垂所率八千骑兵追赶，遂弃甲曳兵而走。兵败前燕使桓温声望大减，其恼羞成怒下竟带兵回朝，逼太后褚蒜子废司马奕为东海王，以重树权威。桓温派兵收缴国玺，逼司马奕出宫。司马奕步下西堂，乘牛车黯然离去。群臣拜辞，莫不唏嘘。

桓温骄纵，谢安雍容。

[注释] 桓温：东晋大司马、权臣。

谢安：东晋宰相、名士。

雍容：仪表舒缓，从容不迫。

[释文] 桓温擅行废立，骄矜放纵；谢安波澜不惊，处世从容。

[背景] 桓温另立司马昱，是为晋简文帝。作为桓温所立傀儡，司马昱仅"拱默守道"，整日惶恐桓温是否再行废立之事。忧惧之下，在位不足一年的司马昱便病重，连发四诏请桓温入朝。桓温心存戒备而不至。司马昱立司马曜为太子，并遗诏桓温："少子可辅者辅之，如不可，君自取之。"辅臣王坦之愤然撕毁遗诏，正色道："天下，宣（司马懿）、元（司马睿）之天下，陛下何得专之！"遗诏遂改为"家国事一禀大司马，如诸葛武侯、王丞相故事"。桓温本期望简文帝会禅让于己，看罢遗诏后大失所望。公元 373 年，桓温带兵入朝，拜谒皇陵。京中人心惶惶，传言桓温欲杀重臣王坦之和谢安，篡夺晋室。王坦之见到桓温，汗流浃背，惊惧得倒执手版；谢安则从容镇定，与桓温谈笑风生。同年，桓温病重，多次派人催逼朝廷为其加九锡，以尽快实现篡晋之举。王坦之、谢安借故拖延，终于耗到桓温油尽灯枯。

简文忧死，孝武魇崩。

[注释] 简文：东晋简文帝司马昱，司马睿幼子，东晋第八代皇帝。

孝武：东晋孝武帝司马曜，司马昱之子，东晋第九代皇帝。

魇崩：做噩梦惊吓而死。

[释文] 简文帝司马昱在惊忧中死去；孝武帝司马曜因噩梦惊吓而死。

[背景] 孝武帝司马曜时期，业已统一北方的前秦对江左虎视眈眈。谢安以侄谢玄镇守广陵（今江苏扬州），挑选精兵良将，为东晋打造了一支能征善战的新军——北府军。公元378年，前秦将领苻丕率步骑兵七万进攻襄阳。次年襄阳城破，守将朱序被俘。苻坚又攻彭城，谢玄率五万北府兵北上驰援，四战四捷，全歼前秦军。公元383年，大秦天王苻坚携百万虎狼之师南下，欲鲸吞东晋，统一中国。谢安以谢玄为先锋，率北府军八万沿淮河西上，抵御前秦。天有不测风云，苻坚"投鞭断流"的傲慢竟在淝水换来了"草木皆兵"的惨败。东晋大胜的消息传回建康，谢安正在与客人下棋。谢安看罢捷报，面如平湖，遂置其一旁，继续泰然自若地对弈。客人不禁询问前方战况，谢安缓缓回答："小儿辈遂已破贼。"直到客人告辞，心花怒放的谢安才舞跃入室，竟不觉将木屐的屐齿折断。"淝水之战"使东晋得以苟延，宰相谢安名垂青史，而司马曜借机收归权力，任用宗室，在一定程度上打破了东晋建立以来的门阀政治格局，成为东晋几乎唯一掌握实权的帝王。但司马曜因酒后与宠姬戏言废之，竟被后者用被子蒙杀，对外谎称皇帝于睡梦中"魇崩"。

玄封十郡，裕斩六龙。

[**注释**] 玄：桓玄，大司马桓温之子，废晋自立，建立桓楚政权。

裕：宋武帝刘裕，取代东晋建立南朝宋。

六龙：六位帝王。

[**释文**] 桓玄自封十郡之地；刘裕诛杀六位帝王。

[**背景**] 彪炳史册的"淝水之战"是东晋王朝最后的回光返照。随着司马曜、谢安的故去，东晋再现军阀乱政。司马曜的继任者晋安帝司马德宗愚笨，朝政由司马道子及其子司马元显主持。桓温虽死，其子桓玄依然有篡晋自立的野心。公元402年，桓玄自江陵举兵攻入建康，诛杀司马道子父子，自领丞相，挟持司马德宗，更划南平、天门、零陵等十郡自封楚王，加九锡。次年，桓玄废晋安帝为平固王，自立为帝，国号楚。公元404年，北府军将领刘裕联络诸将士，在京口（今江苏镇江）起兵勤王，讨伐桓楚。同年，刘裕进驻石头城，派冠军将军刘毅、辅国将军何无忌、振武将军刘道规追击桓玄。桓玄西遁，兵败被杀。刘裕将晋安帝迎回建康复位，自此大权在握。刘裕先后诛杀楚帝桓玄、南燕慕容超、蜀国谯纵、后秦姚泓、晋安帝司马德宗、晋恭帝司马德文六位帝王，可谓千古无二。

宗罹谣谶，文弑桐宫。

[注释] 宗：东晋安帝司马德宗，司马曜长子，东晋第十代皇帝。

谣谶：中国古代神秘玄妙的预言。

文：东晋恭帝司马德文，司马曜次子，东晋末帝，禅位于宋武帝刘裕。

桐宫：指幽禁帝王的地方。

[释文] 司马德宗罹难于谣谶；司马德文被弑于深宫。

[背景] 自晋室南迁以来，祖逖、庾亮、褚裒、殷浩、桓温曾先后北伐，但败多胜少。公元409年，南燕侵扰东晋，刘裕上疏皇帝请求北伐。十年间，刘裕东克南燕、南平卢循、西亡谯蜀、北灭后秦，创不世之功，为东晋拓地千里，将南北分界推至黄河一线，声望远在当年的桓温之上。纵观中国古代史，除近千年后的洪武北伐外，唯刘裕北伐能有丰功若此。但与桓温一样，刘裕北伐并非全部出于民族大义、国家社稷，而是为个人积累威望，伺机代晋。公元418年，刘裕封宋公，加九锡。公元419年，刘裕以坊间谶言"昌明（司马曜）之后有二帝"，遂将司马德宗勒死，立司马德文为帝。公元420年，刘裕命傅亮草拟禅位诏书，入宫逼迫司马德文誊抄。司马德文坦然接受，对左右说："晋氏久已失之，今复何恨。"抄罢，晋恭帝退归王府，东晋至此灭亡，南朝宋建立，自此中国南方进入南朝时代。次年，刘裕又将司马德文杀害，开禅让之君不得善终之恶例。

十六国

十六国

衣冠南渡,戎狄北出。逼禅曹魏,乞降匈奴。渊和肇祸,聪曜摧枯。勒尝微贱,虎固残毒。石遵诘鉴,冉闵杀胡。拓跋道寡,慕容称孤。觎儁辟土,昩评惮吴。凉臣旧主,成王新都。张骏据陇,李寿屯涪。健遂清野,生可磬竹。燕倾仇覆,凉毙代诛。坚御江北,猛相秦苻。淝水未越,雄师已殂。降卒俱散,叛将皆辜。四凉西拒,三燕东突。二秦中守,一夏北逐。后秦姚氏,西秦乞伏。丕垂斗智,登苌竞哭。夏筑统万,凉戍伊吾。西李后吕,北沮南秃。后凉秦噬,西凉北除。南凉秦虏,西秦夏俘。异种枭殄,同姓剪屠。台壁决胜,参合亏输。南燕德续,北燕冯扶。东晋西讨,北魏南图。荡秦收鲁,克谯剿卢。吞燕擒夏,夺洛围姑。诸强兴瞬,列霸亡忽。终于太武,始自五族。

衣冠南渡，戎狄北出。

十六国

[**注释**] 衣冠：衣服和帽子，这里指缙绅、士大夫。"衣冠南渡"指西晋末年中原士族为躲避战乱而纷纷南迁的历史事件。

戎狄：中原以外的少数民族的泛称。

[**释文**] 中原地区的文人士大夫们纷纷南迁躲避战乱；盘踞在中国北方的少数民族南下入主中原。

[**背景**] 西晋末年，以匈奴、鲜卑、羯、氐、羌为代表的北方少数民族趁晋朝内乱之机自北方大漠南下，入主中原，最终酿成"永嘉之乱"，又称"五胡乱华"。为躲避战火，晋琅琊王司马睿率中原文人、士族以及其他汉族臣民等南迁建康，延续晋祚，在中国南方建立东晋。此次南渡为中原文明第一次大规模南迁，后世称其为"衣冠南渡"。东晋政权由此开始了长达百年偏安江左的统治，而本部分视角集中在同期的中国北方，讲述兵戈扰攘的五胡十六国。

逼禅曹魏，乞降匈奴。

[注释] 逼禅：威逼帝王禅位。

[释文] 当年晋室威逼曹魏帝王禅位，如今却向匈奴人乞求投降。

[背景] 公元 265 年，司马炎逼迫魏元帝曹奂禅位，西晋立。而仅仅五十年之后的公元 316 年，晋愍帝司马邺向匈奴人开城投降，西晋亡。当年司马炎在朝堂上的咄咄逼人和后来司马邺在长安城下的受制于人形成了鲜明的对比，这何尝不是历史的讽刺。西晋的灭亡不仅结束了三国战乱以来的短暂统一，更开启了中国封建史上时长最久、烈度最大的大分裂时期。随着孤城长安的大门缓缓打开，一同开启的是十六国兵荒马乱的年代。

渊和肇祸，聪曜摧枯。

十六国

[注释] 渊：刘渊，匈奴人，前赵的开国皇帝。

和：刘和，刘渊长子，前赵皇帝，为其弟刘聪所杀。

肇祸：开启祸端。

聪：刘聪，刘和之弟，杀刘和后即帝位。

曜：刘曜，刘渊养子，平定前赵内乱后即帝位。

摧枯：摧枯拉朽，指前赵以摧枯拉朽之势灭亡西晋。

[释文] 刘渊、刘和首开中原战祸；刘聪、刘曜继以摧枯拉朽之势灭晋。

[背景] 刘渊是西汉时期匈奴首领冒顿单于的后裔，曾受司马炎赏识，为归附西晋的匈奴将领。公元304年，刘渊乘"八王之乱"的良机，以复汉为名，建立五胡十六国的第一个政权，史称汉赵或前赵。刘渊令刘聪、刘曜等领兵两攻洛阳，被司马越击退。公元310年，刘渊抱憾而终，其子刘和即位。刘聪又发动兵变，杀其兄刘和而自立。次年，刘聪派刘曜等将领攻陷洛阳，俘晋怀帝，得传国玉玺，杀诸王公及百官以下三万余人。又五年，刘曜又攻克晋都，俘晋愍帝，并镇守长安。后刘聪死，其子刘粲继位。前赵外戚靳准杀刘粲，并诛灭在都城平阳的刘氏一族，自立为大将军，称臣于东晋，欲将传国玉玺送还司马氏。刘曜闻讯，亲率军队自长安出发奔赴平阳，与驻守在河北的石勒夹攻靳准。靳准兵败被杀，刘曜勘定叛乱，但平阳为石勒所攻取。公元319年，刘曜称帝，迁都长安。

勒尝微贱，虎固残毒。

[注释] 勒：石勒，羯族人，后赵政权的建立者。

尝：曾经。

虎：石虎，石勒之侄，后赵皇帝，为人凶残暴虐。

固：本来，原来。

[释文] 石勒曾出身寒微低贱；石虎本生性残暴狠毒。

[背景] 羯族人石勒出身寒微，本为奴隶，后被主家赦免，在晋末乱世中投奔刘渊，为前赵将领。后靳准作乱，石勒领兵与刘曜共同扑灭叛乱，石勒攻克平阳，却与刘曜产生嫌隙。刘曜称帝后，二人势同水火，石勒遂脱离前赵政权，于公元319年自称赵王，史称后赵。石勒攻取黄河以北多地，擒段文鸯、段匹䃅，又在豫州（今属河南地区）与东晋名将祖逖相持。随后，两赵发生了旷日持久的战争。刘曜一度大败石虎统率的后赵军队，却于公元329年在阵前饮酒坠马，为石勒所擒。石勒命刘曜写信劝降其太子刘熙，刘曜凛然写下"与诸大臣匡维社稷，勿以吾易意也"，遂被杀。不久，刘熙亦被擒杀，前赵亡。石勒死后，石虎挟持太子石弘，以丞相总摄百官，并受封为魏王，以备禅让。但石虎最终放弃禅让，直接废杀石弘自立。石虎凶残暴虐、泯灭人性，喜好烹食人肉，又屠尽石勒妻妾子孙，甚至寸磔亲子，为中国历史上首屈一指的暴君。

石遵诘鉴，冉闵杀胡。

十六国

[注释] 石遵：石虎九子，弑君自立。

鉴：石鉴，石虎三子，为冉闵拥立。

冉闵：石虎养孙，建立冉魏政权。

[释文] 石遵反诘石鉴；冉闵下令屠胡。

[背景] 公元 349 年，为祸中原十余年的石虎病死，其子石世即位。石世之兄石遵领兵在外。在后赵将领羌族人姚弋仲、氐族人苻洪以及石虎养孙、征虏将军冉闵的劝谏下，石遵举兵攻入赵都邺城（今河北临漳），废杀石世自立。同年，因不满冉闵的居功自傲，石遵与石鉴商议诛杀冉闵。石鉴却将此事告知后者，冉闵先发制人，带兵入宫擒杀石遵。石遵听前来抓捕的士兵说石鉴当立为皇帝，反诘道："我尚如是，鉴能几时？"果然，石鉴亦不甘为冉闵所控，欲计杀冉闵而未成，反被冉闵所杀。公元 350 年，冉闵诛灭石氏一族，后赵亡。同年，冉闵登基称帝，改国号为魏，史称"冉魏"。冉闵虽为石虎养孙，却本为汉人，在后赵内乱中，出于政治目的，利用当时民族间的尖锐矛盾，颁布"杀胡令"。一时间，邺城的胡人血流成河，羯人几被灭族。前赵和后赵是五胡十六国时期中国北方最早出现的两个国家。前赵乘中原内乱之机迅速崛起，二十余年后亡于后赵；后赵虽一度统一中原地区，却也在二十余年后亡于内乱。两赵兴盛一时，又须臾倾覆，是十六国时期政权更迭频繁的缩影。

拓跋道寡，慕容称孤。

[注释] 拓跋：拓跋氏，鲜卑部族，建立代国。

慕容：慕容氏，鲜卑部族，建立燕国。

道寡、称孤：称呼自己为"孤""寡人"，自封为王之意。

[释文] 鲜卑族的拓跋部和慕容部独据一方，称孤道寡。

[背景] 北方的五胡不仅有建立前、后赵的匈奴人和羯族人，还有另一支著名的少数民族——鲜卑族。鲜卑是魏晋南北朝时期对中国北方影响最大的少数民族，其中最具代表性的两支分别是拓跋部和慕容部。公元337年，慕容部首领慕容皝在中原东北方的辽西地区称燕王，建立燕国，史称前燕；公元338年，拓跋部首领拓跋什翼犍在中原北方即代王位，建立代国。

皝儁辟土，暐评惮吴。

十六国

[注释] 皝：慕容皝，慕容部首领，建立前燕。

儁：慕容儁，慕容皝次子，灭冉魏后称帝。

暐：慕容暐，慕容儁三子，前燕末帝。

评：慕容评，慕容皝之弟，前燕末期的摄政大臣。

吴：吴王慕容垂，慕容皝五子，因前燕内斗而出走前秦。

[释文] 慕容皝、慕容儁为国家开疆辟土；慕容暐、慕容评忌惮吴王慕容垂。

[背景] 前燕在慕容皝的带领下屡屡击败周边政权，国力日盛。慕容皝死后，慕容儁继燕王位，并倚重自己的四弟慕容恪。时后赵内乱，慕容儁乘势挥师南下，讨伐冉魏，逐鹿中原。公元352年，冉闵中计落入前燕骑兵的包围，为慕容恪擒杀，冉魏亡。慕容儁于是取代冉闵，占据黄河下游地区，并登基称帝。此时的前燕国力鼎盛，西接前秦，南临东晋，称雄关东。慕容儁死后，其子慕容暐继位，慕容恪、慕容评辅政。慕容恪十分欣赏五弟吴王慕容垂，在死前试图说服慕容暐和慕容评将军权交给慕容垂，但慕容评改以皇弟慕容冲掌军。公元369年，东晋大司马桓温认为名将慕容恪既死，燕国已无将才，遂北伐前燕，连战连捷。慕容暐与慕容评六神无主，欲北逃故都。吴王慕容垂主动请缨，在枋头与其弟慕容德大败东晋，为前燕扭转危局。慕容评由此十分忌惮慕容垂的才干，与太后可足浑氏密谋诛杀慕容垂。慕容垂得知后，率家眷西投前秦。

凉臣旧主，成王新都。

[注释] 凉：前凉，为十六国时期凉州张氏家族在西北地区建立的政权。

臣：动词，称臣。

旧主：前凉的旧主——东晋司马氏。

成：成汉，为十六国时期李氏家族在成都建立的政权。

王：动词，称王。

新都：成汉的新都——成都。

[释文] 前凉依然臣服于旧主司马氏；成汉已在新都称王割据。

[背景] 西晋末期，张轨为凉州刺史。直至西晋灭亡，张氏家族在凉州（今属宁夏、甘肃地区）保境安民，劝课农桑，并逐渐成为割据政权，史称前凉。在战乱频仍的西晋末年，各州郡均不再向中央进贡，仅张轨赋贡不断。在匈奴人攻打洛阳、长安时，张轨还数次派兵勤王，对晋室忠贞不贰。相比于晋室南迁，前凉还常向旧主东晋司马氏遣使称臣，接受册封、共御外敌。前凉是中国历史上唯一的张姓王朝，也是十六国时期少有的汉人所建政权（前凉、冉魏、西凉、谯蜀、北燕）。同样在西晋末年，巴氏族首领李特率领流民在蜀地起义。李特自称持节大都督、镇北大将军，领益州牧。公元303年，李特被西晋将领罗尚袭杀，其子李雄率领余部击溃罗尚，攻克成都。公元306年，在丞相范长生的劝进下，李雄称帝建国，国号成，史称成汉，是十六国中唯一的南方政权。

张骏据陇，李寿屯涪。

十六国

[**注释**] 张骏：张轨之孙，前凉第四代君主。

陇：今甘肃一带。

李寿：李雄堂弟，成汉第四代君主。

涪：涪城，今四川绵阳。

[**释文**] 张骏割据陇西；李寿屯兵涪城。

[**背景**] 公元314年，张轨病逝，其子张寔继任西晋凉州牧。两年后，刘曜进逼长安，晋愍帝在出降前下诏张寔，嘱托其辅佐远在江表的琅琊王司马睿，共渡国难。公元320年，张寔被乱臣所杀，其弟张茂继任凉州牧，继续奉东晋为正朔，抵抗前赵。又四年，张茂病逝，张寔之子张骏继位。张骏统治时期，前凉版图扩张，尽有陇西之地，称雄一方。此后，前凉又经张重华、张耀灵、张祚、张玄靓、张天锡五代君主，终在公元376年亡于前秦。张天锡被苻坚封为归义侯，又在七年后的"淝水之战"中趁乱投奔东晋，卒得善终。公元334年，治蜀三十年的成汉君主李雄病死。李雄虽有子嗣但皆不成气候，遂以其侄李班为帝。但李班旋即被李雄之子李期所杀。公元338年，李雄堂弟李寿屯驻涪城，威名远播。李寿认为多有诛戮的李期早晚会铲除自己，遂自涪城出发，袭击成都。李期不料李寿之来，未加防备，后者得以顺利占领成都。李寿废李期为邛都县公，幽禁别宫，李期自缢而死。公元343年，李寿死，其子李势继位。公元347年，东晋桓大司马伐蜀，李势出城投降，被内迁于建康，成汉亡。

健遂清野，生可罄竹。

[注释] 健：苻健，氐族人，后赵将领苻洪三子，前秦开国君主。

清野：即坚壁清野，清除附近的房屋、转移人口和物资。

生：苻生，苻健三子，前秦第二代君主。

[释文] 苻健遂坚壁清野抵抗桓温；苻生的罪孽可谓罄竹难书。

[背景] 氐族人苻洪原为后赵将领，为石虎重用。石遵弑主后，听信冉闵进言，罢黜苻洪兵权，苻洪投降东晋。尔后，后赵内乱，关中地区处于权力真空状态，苻洪、姚弋仲争相携其治下的人民赶往关中。在对关中的争夺中，苻洪大败姚弋仲、姚襄父子，于公元350年称王，但被降将麻秋毒杀。苻洪子苻健承继父业，延揽众人，终于攻克长安，定都于此，国号大秦，史称前秦。公元354年，桓温北伐前秦，苻健遣其弟苻雄、太子苻苌等与晋军交战。桓大司马披坚执锐，即将攻克长安，却因粮草不继而暂缓攻势。苻健于是立刻派人抢收小麦，以坚壁清野之策迫使桓温退兵。次年，苻健病故。因太子苻苌战死，苻健三子苻生继位。苻生在史籍中的描述是十六国时期继石虎之后的又一暴君。苻生日夜狂饮，醉后必妄加杀戮，左右惨死者不可胜数。每逢苻生不上朝时，大臣们便额手称庆可以多活一日。公元357年，姚弋仲已死，其子姚襄与前秦争夺关中时被前秦将邓羌斩杀。姚襄之弟姚苌率众归前秦。同年，苻雄之子苻法、苻坚领麾下数百人杀入皇宫，囚禁苻生后杀之。苻法力主嫡出且贤能的苻坚继承皇位，苻坚由此掌控前秦，并去帝号，称"大秦天王"。

燕倾仇覆，凉毙代诛。

十六国

[注释] 燕：慕容氏的前燕。

仇：仇池国，为十六国时期氐族杨氏建立的政权。

凉：张氏的前凉。

代：拓跋氏的代国。

[释文] 前燕、仇池、前凉和代国先后被前秦吞并。

[背景] 苻坚以王猛为侍中、中书令、领京兆尹，邓羌为御史中丞。在王邓二人的治理下，前秦朝纲肃然。苻坚对王猛十分倚重，在一年之内五次升迁，朝中凡有诋毁王猛者，苻坚都予以打压。苻坚即位以来，平定内乱、整顿吏治、发展生产、重用贤能，在十年内富国强兵，从此开始了统一北方的步伐。公元369年，苻坚亲自在郊外迎接自前燕投奔而来的慕容垂，并许诺他日若定鼎天下，将以幽州之地封之。王猛则认为慕容垂"非可驯之物"，日后必反，以巧妙的"金刀计"迫使慕容垂畏罪出逃，后被擒获，慕容垂百口莫辩。但仁厚的苻坚对慕容垂礼遇如初。公元370年，王猛以摧枯拉朽之势攻入前燕境内，顺势发展成为灭燕之战。随着慕容㬉、慕容评皆被生擒，关东地区传檄而定。公元371年，仇池公杨纂投降，仇池亡。公元376年，苻坚派姚苌攻灭前凉，前凉末主张天锡投降，河西平定。同年前秦北伐代国，拓跋什翼犍为子所弑，前秦将李柔、张蚝即刻发兵攻至云中（今内蒙古托克托东北），代国部众纷纷逃散，代亡。

坚御江北，猛相秦苻。

[注释] 坚：大秦天王苻坚，前秦第三代君主。

御：统御、控制。

猛：王猛，苻坚的丞相。

相：动词，做丞相。

[释文] 大秦天王苻坚统御长江以北；一代名相王猛出任前秦丞相。

[背景] 公元376年，一代雄主苻坚统一中国北方，结束了西晋灭亡以来北方群雄割据的局面。前秦疆域为十六国之最，四夷宾服，东晋震恐。这重大的历史功勋离不开前秦丞相王猛的功劳。王猛辅佐苻坚十几年，为前秦的经济、政治、军事做出了不可磨灭的贡献，终有"关陇清晏，百姓丰乐"的局面，为前秦统一江北铺平道路。后世称王猛为"功盖诸葛第一人"。但在前秦统一北方的前一年，一代名相、治国能臣王猛辞世。临终前，王猛告诫苻坚：那些暂时归顺的少数民族，如鲜卑慕容垂、羌人姚苌等才是国家的仇敌，终为大患，在南下伐晋之前必须先渐次除之、巩固内部，而灭晋之事不可操之过急。苻坚伏棺恸哭，对太子苻宏说："失去王猛，是上天不愿让我统一天下啊！"

大秦天王 苻堅

淝水未越，雄师已殂。

[注释] 淝水：河名，在今安徽境内，是历史上著名的"淝水之战"的发生地。

雄师：指前秦的军队。

殂：殂殒，这里指军队溃散。

[释文] 前秦的军队尚未越过淝水，百万雄师竟已瓦解溃散。

[背景] 不幸的是，王猛和苻坚都一语成谶。在统一北方后，苻坚又令苻丕、慕容垂、姚苌等人攻克东晋重镇襄阳，生擒守将朱序。苻坚欣赏朱序的气节而未杀之，反授予官职。公元383年，苻坚认为南下荡平东晋的时机已经成熟，遂不顾满朝官员反对，几乎采用全国总动员的方式，以八十三万大军向东晋发起全线进攻。苻坚派遣苻融督帅张蚝、慕容垂等人的步骑兵共二十五万人为前锋，以兖州刺史姚苌为龙骧将军；苻坚则发兵长安，亲率步兵六十万、骑兵二十七万开赴前线。东西万里的土地上，前秦水陆并进，剑指江南。此时的东晋在名相谢安的经营下政通人和，谢安之侄谢玄也把南下流民组成的北府兵打造为颇具战力的劲旅。谢安以谢石为征虏将军、谢玄为前锋都督，率军八万北上抵抗前秦。双方于淝水对峙，苻坚本欲半渡而击，令前秦军后撤而使晋军渡河。前秦阵中的朱序却趁机大喊："秦军败了！"不明就里的前秦军顿时骚动，阵形溃乱，晋军乘势渡河追杀前秦军，斩杀前秦将苻融。浩浩荡荡的前秦雄师兵败如山倒，逃亡的士兵听到寒鸦鸣叫、风吹树响以为是晋军杀来，竟丢盔弃甲，相互踩踏，死伤无数（史称"淝水之战"）。

降卒俱散，叛将皆辜。

十六国

[**注释**] 降卒：投降的兵卒。

叛将：叛逃的将领。

[**释文**] 当初投降前秦的兵卒皆作鸟兽散；如今叛逃的将领都辜负了苻坚的恩情。

[**背景**] "淝水之战"以东晋的完胜告终，是中国历史上最负盛名的以少胜多的经典战役之一。"淝水之战"不仅使东晋政权得以继续残喘，也彻底改变了中国北方的政治格局。苻坚在"淝水之战"前，先后灭亡北方诸国，但并未杀害亡国的君主、宗室、将领，反而礼遇有加，多有重用。在民族矛盾尖锐、动辄族灭株连的十六国时期，苻坚的宽和仁慈尤显难能可贵，其德政理念缓和了北方的民族矛盾，使前秦的统治获得认同。国家得以暂时稳定，维持表面统一，但同样为前秦的分崩埋下隐患。淝水战败后，前秦军事崩溃、人心离散、局势混乱，当初投降前秦的少数民族首领纷纷倒戈，趁机独立，这其中就有前燕降将慕容垂、羌人首领姚苌、鲜卑首领乞伏国仁、代国宗室拓跋珪等人。这些少数民族的皇族、将领们先后复国或建立割据政权，广袤的前秦领土迅速被肢解，北方重归分裂。

四凉西拒，三燕东突。

[**注释**] 四凉：四个凉国，即后凉、西凉、北凉和南凉。

　　　　拒：抗拒、抵抗。

　　　　三燕：三个燕国，即后燕、北燕和南燕。

　　　　突：突进。

[**释文**] 四凉在西方互相抵抗；三燕在东方陆续突进。

[**背景**] 前秦的兴亡可以看作是十六国前后两段的分水岭：前段中，以前赵灭晋为开端，历经两赵之争、后赵内乱、冉闵屠胡、前燕灭魏，至前秦勃兴，并吞燕、凉、代，统一北方。后段中，以淝水兵败为肇始，北方再度陷入混乱，各个新兴政权纷纷建立。在西部原前凉地区就先后出现四个凉国，后世称之为后凉、西凉、北凉和南凉。在东方的前燕故地上，陆续出现过三个燕国，史称后燕、北燕和南燕。历史上也存在西燕政权，但国祚短暂、影响有限，未列于十六国之内。

二秦中守，一夏北逐。

十六国

[注释] 二秦：两个秦国，即后秦和西秦。

　　守：据守。

　　一夏：一个夏国，即胡夏。

　　逐：逐鹿。

[释文] 两个秦国在关中据守；一个胡夏在北方逐鹿。

[背景] 此外，在中部前秦的龙兴之地上，还出现了两个秦国，后世称之为后秦和西秦。在后秦末期，北方还出现了一个夏国，史称胡夏。前秦瓦解后形成的四凉、三燕、二秦、一夏连同前文提到的二赵、前秦、前燕、前凉和成汉，合为五凉、四燕、三秦、二赵、一成、一夏，共计十六个国家，出自北魏崔鸿撰写的《十六国春秋》，十六国亦由此得名。但在十六国之外，还有汉人冉闵建立的冉魏、丁零翟氏建立的翟魏、武都氏帅杨氏建立的仇池、鲜卑慕容氏建立的西燕、汉人谯纵在蜀地所建的谯蜀、鲜卑拓跋氏建立的代国及后来的北魏等政权。

后秦姚氏，西秦乞伏。

[**注释**] 后秦：羌人姚苌建立的政权。

西秦：鲜卑人乞伏国仁建立的政权。

[**释文**] 后秦由姚氏所经营；西秦为乞伏所统治。

[**背景**] 前秦于淝水溃败后，唯有慕容垂部一军独全。苻坚以千余骑与慕容垂会合。慕容垂之弟慕容德、子慕容宝等亲信力劝其杀苻坚复国，但慕容垂念及苻坚的恩情而严词拒绝，并将手中兵权悉数交与苻坚指挥。慕容垂以赴河北收拢人心并到邺城祭奠先帝灵庙为借口，欲回到前燕故土，筹谋复国。苻坚准许了慕容垂的请求，自己则回到了长安。次年，慕容垂、慕容泓、慕容冲皆叛，苻坚派苻睿、姚苌讨伐慕容泓。苻睿兵败被杀，姚苌派使者入朝谢罪，竟被盛怒之下的苻坚斩杀。姚苌极为惶恐，逃往渭北，收拢羌族部众，自称"万年秦王"，建立后秦政权。关中地区百姓在前秦、后秦、西燕的战火中流散、道路阻绝，长安已无法久留。公元385年，苻坚率百余骑兵向西突围，被姚苌在新平（今陕西彬县）所擒。姚苌向苻坚索要传国玉玺、令苻坚禅位与之，皆不成，反被苻坚唾骂。姚苌遂将苻坚缢杀，一代大秦天王就此陨落。在五胡十六国的乱局中，苻坚无异于最耀眼的星，他的胸怀和功业都远超同代人，他的败亡也令后世扼腕。同年，前秦麾下的鲜卑族首领乞伏国仁乘姚苌与苻坚混战之机脱离前秦，在陇西（今甘肃东南部）建立西秦政权。

丕垂斗智，登苌竞哭。

[注释] 丕：苻丕，苻坚庶长子，前秦第四代君主。

垂：慕容垂，后燕开国君主。

登：苻登，苻坚族孙，前秦第五代君主。

苌：姚苌，后秦开国君主。

[释文] 苻丕和慕容垂斗智斗勇；苻登和姚苌两军对哭。

[背景] 慕容垂率部东至由苻丕驻守的前燕故都邺城。苻丕知慕容垂包藏祸心，遂彼此防备。时丁零人翟斌叛乱，苻丕正欲遣走肘腋之患，遂拨两千人给慕容垂前去平叛，又令苻飞龙率一千氐族骑兵名为协助，实欲加害。慕容垂在出征途中与其子慕容宝设计围杀苻飞龙所部，又与翟斌联合，于公元384年自称燕王，后燕建立。慕容垂回师包围邺城，与苻丕陷入一年之久的攻防战。次年，苻丕率部出邺，西赴长安，欲与苻坚会合，却在半路得知苻坚已死的噩耗。苻丕登基称帝，翌年被西燕慕容永击败，在南奔途中被东晋将领冯该截杀。前秦征西大将军苻登正与姚苌激战，闻苻丕已死，被众人推举为帝。苻登在军中立苻坚神位常以祷告，又令士兵在铠甲上镌刻"死休"，誓为苻坚复仇。公元388年，苻登到新平，率上万骑兵包围姚苌营寨。新平为苻坚殉难之地，苻登随前秦兵放声恸哭，哀号之声震撼人心。姚苌甚恶之，遂令全军与前秦军对哭，苻登引兵而走。公元393年，苻登闻姚苌病重，率兵来犯。姚苌带病出战，逼退苻登。苻登喟叹道："朕与此羌同世，何其厄哉！"姚苌病逝，其子姚兴次年擒杀苻登。随着姚苌、苻登这两位半生宿敌的谢幕，煊赫一时的前秦也油尽灯枯。

夏筑统万，凉戍伊吾。

[注释] 夏：胡夏，匈奴人赫连勃勃建立的政权。

统万：统万城，胡夏的首都，今陕西榆林地区。

凉：后凉，氐族人吕光建立的政权。

伊吾：伊吾关，今新疆哈密地区。

[释文] 胡夏修筑统万城；后凉戍军伊吾关。

[背景] 苻坚统一北方后，亦有经营西域之意，遂遣氐族大将吕光自长安西征，穿过河西走廊，跨越三百里大漠抵达延城（今新疆库车）。吕光大败西域联军，诸国慑于前秦军之威，纷纷归附。此时关中大乱，消息阻绝，吕光所部孤悬于外。公元385年，吕光在西域高僧鸠摩罗什的建议下引军东归，大军经过高梧谷、伊吾关两个险隘，抵达玉门。敦煌太守、晋昌太守望风而降，凉州刺史梁熙战败被斩。吕光进入姑臧城（今甘肃武威），尽占前凉旧地。次年，吕光闻苻坚已死，遂称大将军、凉州牧，后凉建立。刘卫辰是匈奴铁弗部首领，与前赵刘渊同族。前秦内乱后，刘卫辰占据朔方（今属黄河河套地区），后被北魏击杀，宗族被拓跋珪悉数屠戮，唯幼子刘勃勃逃亡。鲜卑人没弈干将刘勃勃收留，并将女儿嫁之。公元392年，没弈干归顺后秦，后秦皇帝姚兴赏识刘勃勃，常使其参与后秦军政，又遣其镇守朔方。公元407年，刘勃勃竟杀死岳父没弈干，兼并其部众，叛后秦自立，国号大夏，史称胡夏。公元413年，刘勃勃征发十万民夫在朔方修筑国都统万城，又改其姓氏为"赫连"，寓意上天之尊。

西李后吕，北沮南秃。

十六国

[**注释**] 西李：西凉的李氏。

　　　后吕：后凉的吕氏。

　　　北沮：北凉的沮渠氏。

　　　南秃：南凉的秃发氏。

[**释文**] 国号为"凉"的统治者中，有西凉的李氏、后凉的吕氏、北凉的沮渠氏和南凉的秃发氏。

[**背景**] 鲜卑人秃发乌孤依附于吕光的后凉政权。公元397年，秃发乌孤见吕光已老，遂反叛后凉，自称大单于，建立南凉政权。秃发乌孤大败后凉军队，占据后凉乐都、湟河、浇河（今青海乐都至同仁一带）。同年，因伯父被吕光所杀，匈奴人沮渠蒙逊起兵反抗后凉。吕光遣吕纂讨伐沮渠蒙逊，后者败逃。沮渠蒙逊的堂兄沮渠男成听闻沮渠蒙逊起兵，遂攻打后凉建康（今甘肃高台）。建康太守段业不见援军，遂同意沮渠男成的提议，称凉州牧，以沮渠蒙逊为张掖太守、沮渠男成为辅国将军，北凉政权建立。在南凉、北凉、西秦的交相攻伐下，后凉的土地被竞相蚕食。公元399年，病重的吕光传位吕绍，以吕纂统军、吕弘理政，并再三嘱托"若内相猜忌，则萧墙之变，旦夕至矣"。公元400年，北凉镇西将军汉人李暠称大将军、凉公，脱离北凉，建立西凉政权。次年，沮渠蒙逊假段业之手杀害沮渠男成，又以男成之死为名起兵攻杀段业，自为北凉国主。

后凉秦噬,西凉北除。

[注释] 秦:这里指后秦。

北:这里指北凉。

[释文] 后凉为后秦所吞并;西凉被北凉所铲除。

[背景] 吕光死后,吕纂先后诛杀吕绍、吕弘,自立为后凉国主。吕光之侄吕超擅开边衅,吕纂将其召回并扬言杀之。吕超信以为真,趁吕纂当晚醉酒将其杀死,并拥立其兄吕隆为帝。后秦姚兴乘诸吕内讧、诸凉相攻之机,遣后秦将姚硕德攻后凉。吕隆降后秦,但姚兴仍命其为凉州刺史,镇守姑臧。不久,吕隆再次与南凉、北凉陷入攻伐,终无力再战,于公元403年内迁后秦长安,后凉亡。公元405年,李暠迁都酒泉,遣使奉表东晋,并与北凉陷入常年战争。作为偏安一隅的统治者,李暠却政绩斐然,史载其"兵无血刃,坐定千里""虚衿下士,广招英俊"。公元417年,李暠病逝,其子李歆即位。公元420年,沮渠蒙逊欲攻打西凉,却佯装南伐西秦。李歆中计,自酒泉起兵入北凉境内,被沮渠蒙逊回师击杀。北凉乘势攻克酒泉,李歆之弟李恂在敦煌继位,沮渠蒙逊又进兵包围敦煌。李恂自杀,西凉亡。北凉尽占西凉之地,成为继后凉之后的西北霸主。

南凉秦虏，西秦夏俘。

十六国

[注释] 秦：这里指西秦。

夏：这里指胡夏。

[释文] 南凉君主最终为西秦所俘虏；西秦末主又被胡夏所擒获。

[背景] 公元385年，脱离前秦的乞伏国仁建立西秦。国仁死，众人推举其弟乞伏乾归为主，迁都金城（今甘肃兰州）。公元394年，苻登败亡，乞伏乾归击杀苻登之子、前秦末主苻崇，彻底灭亡前秦政权，尽有陇西、巴西（在四川）之地。乞伏乾归在位时，常与南凉秃发氏联合抗击后凉。南凉秃发乌孤于公元399年因酒后骑马摔伤而死，其弟秃发利鹿孤继位，以其弟秃发傉檀执掌军国大事。次年，后秦姚兴讨伐西秦乞伏乾归。乞伏乾归败走，投降南凉秃发利鹿孤。乞伏乾归又与羌人密谋作乱，事泄，逃亡后秦。姚兴将乞伏乾归派回西秦故地镇守，并归还其部众。公元409年，乞伏乾归再次独立，称秦王，西秦复国。三年后，乞伏乾归被其侄乞伏公府所杀，乾归之子乞伏炽磐擒杀公府继位。公元414年，西秦乞伏炽磐趁南凉末主秃发傉檀西征之机，袭取南凉乐都（今青海乐都），秃发傉檀被迫降于西秦，南凉灭亡。公元428年，炽磐病死，传位其子乞伏暮末。公元431年，胡夏军队围攻西秦，乞伏暮末走投无路而降夏。夏主赫连定杀乞伏暮末及其宗族五百人，西秦灭亡。

异种枭殄，同姓剪屠。

[注释] 异种：异族。

枭殄、剪屠：歼灭、屠戮。

[释文] 关西的不同种族互相屠戮；而关东的同姓宗亲亦自相残杀。

[背景] 也许苻坚身死国灭的下场殷鉴不远，自此以后的十六国历史中，再鲜有亡国皇族得以保全者。在关中至河西地区，匈奴、羌、鲜卑、氐等少数民族之间互相屠戮、赶尽杀绝；而在关东的前燕故地，作为同姓宗亲的慕容家族内部也自相残杀。就在慕容垂围攻邺城时，前燕皇帝慕容㣉之弟慕容泓在华阴（今陕西渭南）起兵，建立西燕。同年，慕容泓被部将所杀，立其弟慕容冲。慕容冲进兵长安，苻坚追悔莫及，叹息道："吾不用王景略（王猛）、阳平公（苻融）之言，使白虏敢至于此！"公元385年，慕容冲称帝，占据长安。但慕容冲不愿东归故土与慕容垂争锋，又被部将所杀。众人拥立鲜卑贵族段随为燕王，但段随又被前燕皇族旁支慕容永所杀。慕容永立慕容𫖮，并率四十余万鲜卑人离开长安。在东归途中，慕容恒、慕容韬兄弟杀慕容𫖮，立慕容冲之子慕容瑶。慕容永率军攻杀慕容恒兄弟，又杀死慕容瑶，立慕容泓之子慕容忠。慕容永率军抵达闻喜（今山西闻喜）后，因慑于后燕慕容垂的实力，不再东进。慕容永指使部将杀慕容忠，又击败从邺城撤出的苻丕，据长子（今山西长治）即皇帝位，并诛杀西燕国内慕容㣉与慕容垂的子孙。

后燕成武帝 慕容垂

台壁决胜，参合亏输。

[注释] 台壁：地名，在今山西黎城地区。

参合：参合陂，在今内蒙古凉城一带。

[释文] 后燕在台壁大胜西燕，却在参合陂惨败于北魏。

[背景] 公元394年，慕容垂留慕容会镇守邺城，派遣慕容楷、慕容农与自己共同征伐西燕。后燕与西燕在台壁展开决战。慕容垂佯装败退，慕容永带兵追赶，不想后燕骑兵从山涧中突然杀出，切断慕容永的后路。西燕军队被尽数围剿，慕容永仓皇逃回长子。慕容垂乘胜进军，长子城内将士开城投降。慕容永被擒杀，西燕亡。公元395年，慕容垂派太子慕容宝等北征北魏。拓跋珪与慕容宝隔黄河对峙。在得知慕容垂患病后，拓跋珪派使者在黄河边喊话，称慕容垂已死，燕军何不早归。后燕军中人心浮动，慕容宝下令退军。拓跋珪亲率精锐两万日夜兼程追击慕容宝，在参合陂将毫无戒备的后燕大军包围，并尽数坑杀后燕降卒。慕容宝仅以身免。次年，慕容垂以七旬高龄亲征北魏，经过参合陂时见此地后燕军骸骨如山，遂设台以祭。后燕军放声痛哭，响彻山谷。老迈之身的慕容垂悲愤难当，竟呕血不止，以致旧疾发作，逝世于回师途中。

南燕德续，北燕冯扶。

[注释] 德：慕容德，慕容垂之弟，南燕开国君主。

冯：冯跋，北燕君主。

[释文] 南燕为慕容德所延续；北燕为冯跋所扶持。

[背景] 参合陂之战使北魏和后燕攻守易势。慕容垂死后，太子慕容宝即位。拓跋珪率四十万大军南下伐燕，攻克后燕并州（今属山西地区）、幽州（今河北地区）多地郡县，将后燕领土拦腰截断。自此后燕分为南、北两部分。慕容宝放弃中原，率部众北返龙城（今辽宁朝阳），而其余部众向南投靠慕容德。在龙城，后燕内乱不止。慕容宝竟与其次子慕容会兵戎相见，后者败亡。公元398年，慕容垂舅父兰汗与慕容宝部下段速骨发动叛乱，诱杀慕容宝，篡取后燕大位。兰汗女婿、慕容宝长子慕容盛计杀兰汗，登基为帝。同年，南面的慕容德自称燕王，在滑台（今河南滑县）建立南燕政权。公元401年，慕容盛在平叛时伤重不治，慕容宝之弟慕容熙即后燕帝位。公元405年，慕容德病死，传位其侄慕容超。公元407年，原后燕中卫将军冯跋拥立慕容宝养子高云即天王位，并诛杀慕容熙。后燕灭亡，北燕建立。又二年，高云为部下所杀，冯跋率兵平定叛乱后即位。冯跋在位二十余年，兴利除弊、整顿朝纲，使北燕得以偏安东北一隅。公元430年，冯跋死，其弟冯弘杀冯跋之子冯翼，自立为帝。

东晋西讨,北魏南图。

[注释] 北魏:鲜卑族拓跋氏建立的政权,最终统一中国北方。

图:图谋。

[释文] 东晋向西讨伐割据势力;北魏向南图谋中原腹地。

[背景] 公元386年,原代王拓跋什翼犍之嫡孙拓跋珪在牛川(今内蒙古呼和浩特)称王,恢复代国。同年,拓跋珪改国号为魏,史称北魏。拓跋珪将部落联盟制遗风尚存的代国发展为高度封建化的北魏帝国,又在十年后的参合陂之战中击溃劲敌慕容氏,使拓跋家族势力进入中原,进而与关中大国后秦一较高下。公元402年,后秦英主姚兴遣其弟姚平进攻北魏,反被北魏击败并被围困在柴壁(今山西襄汾)。姚兴率军前去救援,却被拓跋珪击败,只得隔汾水遥望柴壁。不久,矢尽粮绝的姚平孤注一掷率军突围。姚兴见守军突围,立即擂鼓为姚平助阵。姚平突围失败,与亲兵投水而死,四万后秦兵皆为北魏所擒。汾水对岸的后秦军坐视姚平败亡却力不能救,皆哀号恸哭。姚兴数次遣使求和,均被拓跋珪拒绝。"柴壁之战"使得北魏取代后秦成为当之无愧的北方霸主,继而开启了拓跋鲜卑继前秦之后,南下扫平北方的功业。在南方,刚刚经历"桓玄之乱"的东晋在名将刘裕的带领下,开始向西、向北清剿残余的割据政权。

荡秦收鲁，克谯剿卢。

十六国

[注释] 秦：这里指后秦。

鲁：南燕所在的鲁地。

谯：谯蜀，汉人谯纵在蜀地建立的政权。

卢：卢循，东晋末年天师道首领。

[释文] 东晋扫荡后秦、收取鲁地南燕；又攻克谯蜀、剿灭卢循势力。

[背景] 公元409年，刘裕挥师北伐。次年刘裕攻陷南燕都城广固（今山东益都），生擒南燕末帝慕容超，后者被押送回建康斩首，南燕亡。天师道首领卢循趁刘裕领兵在外，自广州起事，直逼建康。刘裕迅速班师回防，大破卢循。卢循败走，终为交州刺史所杀。公元413年，刘裕以朱龄石为益州刺史，率兵西征谯蜀。蜀王谯纵兵败自杀，谯蜀政权覆灭，东晋克复蜀地。公元416年，后秦英主姚兴辞世，长子姚泓新立。关中动乱，人心不附，后秦内外交困。刘裕率大军自建康出发，以王镇恶（王猛之孙）、檀道济为前锋，北伐后秦。公元417年，晋军攻入后秦都城长安，末主姚泓出降，亦被斩于建康。后秦亡。收复长安后，已过知天命之年的刘裕稍作休整便迅速南归，以其不世之功与赫赫威名谋求篡晋。夏主赫连勃勃趁机袭取长安，长安得而复失。尽管如此，刘裕使巴蜀之地、黄河以南及汉水上游地区均为南朝所有，奠定了日后刘宋王朝的版图。

吞燕擒夏，夺洛围姑。

[注释] 燕：这里指北燕。

夏：这里指胡夏。

洛：洛阳。

姑：姑臧，北凉的首都。

[释文] 北魏并吞北燕、攻取胡夏；又夺取洛阳、围困姑臧。

[背景] 公元422年，南朝第一帝刘裕病逝。同年，北魏发兵南下，从刘宋手中夺取军事重镇洛阳。公元425年，拓跋珪之孙拓跋焘闻赫连勃勃病死而诸子相攻，遂征伐胡夏。两年后，北魏攻取胡夏首都统万城，次年生擒胡夏皇帝、赫连勃勃三子赫连昌。公元428年，赫连勃勃五子赫连定即胡夏皇帝位，联合刘宋攻打北魏。公元431年赫连定灭西秦，但在袭击北凉的途中被吐谷浑截击并俘获。吐谷浑可汗将赫连定进献给北魏，赫连定被斩杀，胡夏亡。公元433年，在位三十余年的北凉沮渠蒙逊病重，传位三子沮渠牧犍。公元436年，北魏攻克燕都龙城，北燕末主冯弘出逃高句丽，其子冯朗归顺北魏，北燕亡。六年后，冯朗的女儿在北魏出生，后出嫁拓跋濬，是为北魏颇负盛名的冯太后。在平定中原及关中后，北魏用兵陇西。公元439年，北魏围困北凉都城姑臧，沮渠牧犍投降，北凉亡。至此，北魏统一中国北方，拓跋鲜卑成为十六国乱世的最终胜者。

诸强兴瞬，列霸亡忽。

十六国

[**注释**] 诸强、列霸：这里指十六国时期的各个政权。

[**释文**] 十六国时期的诸多政权，其兴盛和衰亡都在转瞬之间。

[**背景**] 十六国时期，大小政权林立。成汉、前赵、后赵、前燕、前秦、前凉、后燕、后秦、西秦、后凉、南凉、北凉、西凉、南燕、北燕、胡夏等轮番走入历史舞台。其间，虽不乏盛极一时者如前秦，煊赫一时者如后燕、后秦等，但终又迅速销匿于历史的长河之中，可谓是"其兴也勃焉，其亡也忽焉"。后人览史，纵会感慨于石虎之残暴、苻坚之宽仁、姚苌之负义、慕容垂之雄武。然一切尘埃落定后，十六国终归于人亡政息，化作史书中既轻盈又沉重的文字，为后人所凭吊。

终于太武，始自五族。

[**注释**] 太武：北魏太武帝拓跋焘。太武帝结束十六国乱世，统一中国北方。

五族：指匈奴、鲜卑、羯、氐、羌五个少数民族。

[**释文**] 十六国时代始于五族南下，最后终结于北魏太武帝一统。

[**背景**] 十六国时代是中国历史的大分裂时期。晋武帝司马炎在开国之初亲手埋下亡国的祸根，以致"八王之乱""五胡乱华""衣冠南渡"。自公元304年匈奴人的前赵立国之始至公元439年太武帝拓跋焘统一中国北方，凡一百三十五年。至此，在中国南方进入南朝十九年后，北方也迎来了暂时安定统一的北朝，中国历史开始了长达一个半世纪的南北朝并立时代。

南北朝

南北朝

干戈未毕,兵车犹急。宋衰齐替,梁退陈袭。符囚吴郡,隆欲狼胥。
劭刺君父,骏抑宗戚。子业鲜耻,明彧多疑。昱辄放恣,准唯啜啼。
道成应谶,萧赜校籍。业文身殁,支庶自居。卷戾颇甚,融就须臾。
衍南久御,鑫北长羁。台城悖逆,佛寺皈依。纲栋黜位,纪绎争嫡。
渊明拜奏,方智让揖。霸先誉蒨,伯宗逊顼。后庭玉树,末主妖姬。
珪安内宇,嗣攘外敌。焘临瓜步,余守京畿。濬弘笃释,孝文易习。
宏恪雄武,诩钊惨凄。尔朱君刃,子攸贼逼。晔推恭继,朗罢修即。
国分欢泰,魏裂东西。见炬并立,钦廓屡欺。澄狂殴帝,洋瘗为琵。
殷悸失语,演骇致疾。湛亲奸佞,纬册犬鸡。上皇诞纵,幼主流离。
护弑觉毓,邕灭高齐。赟择五后,阐赐九锡。杨昌宇敝,隋创周息。

干戈未毕，兵车犹急。

[注释] 干戈：兵器的统称，代指战争。

兵车：载有士兵的战车。

[释文] 连年的战争并未结束；攻防的战车依然疾驰。

[背景] 随着刘宋代晋、北魏灭凉，刘裕、拓跋焘两位雄主给继任者留下了新兴而强盛的政权，也为中国开启了为时一百五十年的南北朝并立之格局。十六国混战的硝烟虽已散去，但华夏大地并非从此承平。中国北方政权和南方政权始终交相攻伐，政权内部亦常有萧墙之乱，甚至改朝换代。在绵延千里的南北分界线上，在横亘万里的广袤大地上，依然干戈未息，战事频仍。

宋衰齐替,梁退陈袭。

[**注释**] 宋:南朝宋(刘宋)。

齐:南朝齐(萧齐、南齐)。

梁:南朝梁(萧梁、南梁)。

陈:南朝陈(南陈)。

袭:继承、承袭。

[**释文**] 刘宋衰败,有萧齐继之;萧梁倾覆,又有南陈承袭。

[**背景**] 刘裕以权臣身份篡夺大宝,开南朝之首例,然绝非南朝之孤例。南朝似乎继承了东晋皇权不稳、武将跋扈、权臣蠢动的基因。纵观南朝历史,为帝达十年以上者竟不过梁武帝、宋文帝、陈宣帝、齐武帝、宋孝武帝五人,足见南朝政局之动荡。自刘裕以降,每隔几十年,便有后继者依其故事,加九锡、封王爵、废前代、创新朝。在这样的时代背景下,南朝相继诞生了宋、齐、梁、陈四个朝代。

符囚吴郡，隆欲狼胥。

[注释] 符：宋少帝刘义符，刘裕长子，刘宋第二代皇帝，后被废杀。

隆：宋文帝刘义隆，刘裕三子，刘宋第三代皇帝。

狼胥：即狼居胥山，是指西汉名将霍去病大破匈奴后登狼居胥山筑坛祭天的典故，被后人传为佳话。封狼居胥被后世认为是最高军事成就。

[释文] 刘义符享乐成性，被囚吴郡；刘义隆意欲北伐，封狼居胥。

[背景] 刘裕临终前托孤谢晦、檀道济、徐羡之、傅亮等，请其尽心辅佐少帝刘义符。而宋少帝却娇养失教，耽于玩乐，登基后与宫人嬉戏无度，怠荒政务。谢晦等人深感有负先帝之托，便与檀道济、徐羡之等发动政变，收夺刘义符皇帝印玺，将其驱逐出宫，囚于吴郡（今江苏苏州），后杀之。托孤大臣将刘裕三子刘义隆立为新帝，改元元嘉，是为宋文帝。两年后，刘义隆为维护皇权，借故除掉了有定策之功的谢晦、徐羡之、傅亮。刘义隆虽然薄情，却不失为一位治国之君。文帝统治三十年间，刘宋国力日盛，有"元嘉之治"之称。刘义隆在元嘉年间三次兴师北伐，但均无功而返（史称"元嘉北伐"）。公元430年，刘义隆令名将檀道济领兵北上，在与北魏的交战中多次获胜。但六年后，多疑的刘义隆冤杀檀道济，檀道济死前怒斥道："乃坏汝万里长城！"公元450年，第二次元嘉北伐的惨败使北魏军队长驱直入，拓跋焘一度南征至长江北岸，刘义隆仓皇中登石头城（今江苏南京）北望，长叹道："檀道济若在，岂使胡马至此！"这一景象被宋代词人辛弃疾刻画为脍炙人口的名句："元嘉草草，封狼居胥，赢得仓皇北顾。"

劭刺君父，骏抑宗戚。

[注释] 劭：刘劭，刘义隆长子，刘宋第四代皇帝。

骏：宋孝武帝刘骏，刘义隆三子，刘宋第五代皇帝。

[释文] 刘劭刺杀君父篡位；刘骏抑黜皇室宗亲。

[背景] 刘劭为刘义隆太子，却对其父行"巫蛊之术"。事泄，刘义隆念及父子之情未杀刘劭，只欲废黜太子。刘劭得知自己行将被废，索性先发制人，以讨伐反贼为由，率领东宫军队闯入皇宫，弑刘义隆。可怜刘义隆一世英名竟死于太子之手，而刘劭也成为中国历史上首个弑父篡位的皇帝。不久，刘义隆三子刘骏自江州（今江西九江）起兵讨伐刘劭，顺江东下直驱建康。刘骏传檄天下，以"千古未有之大逆"痛斥刘劭弑父篡权，地方军镇纷纷响应。公元453年，刘骏攻克建康，擒杀刘劭，夺取皇帝大位，史称宋孝武帝。孝武帝作为历史上少有的以地方势力起兵推翻中央皇权的亲王，自然担心刘宋宗室如法炮制其夺位之举，其在位期间始终抑黜皇室宗亲之地位，削弱宗王势力，加强中央集权。孝武帝创立典签制，委任寒门士人为州镇典签以掣肘地方诸王，降低宗室出镇的地区起兵反抗朝廷的可能。孝武帝开南朝"寒人掌机要"之先河，典签控州镇于是为南朝政治之惯例。

子业鲜耻，明彧多疑。

[注释] 子业：宋前废帝刘子业，刘骏长子，刘宋第六代皇帝。

明彧：宋明帝刘彧，刘义隆十一子，刘宋第七代皇帝。

[释文] 废帝刘子业寡廉鲜耻；明帝刘彧猜忌多疑。

[背景] 刘骏治国有术，在南朝颇有影响，而其子刘子业竟是南朝乃至中国历史上有名的暴君。刘子业荒淫无度，强迫自己的姑姑留在后宫，和自己的姐姐过起夫妻生活，可谓寡廉鲜耻。建安王刘休仁、湘东王刘彧、山阳王刘休佑身体肥硕，刘子业用竹笼将其囚禁，以刘彧最肥称"猪王"、刘休仁称"杀王"、刘休佑称"贼王"。刘子业多次起意欲杀三王，但刘休仁常能阿谀取悦，使刘子业暂收杀心。刘子业曾以木槽盛饭，令刘彧脱光衣物，在满是污水的泥坑中像牲畜一样用嘴去槽中吃食，并以此为乐。公元466年，刘彧联合刘子业的亲信成功将其刺杀，并被刘休仁拥立称帝，是为宋明帝。在诸弟刘休仁等的支持下，宋明帝于当年平定刘子勋之乱，并诛杀孝武帝一系诸王以绝后患。刘宋江山传至明帝，宗室屠戮、江山易主的前车之鉴已不绝如缕，造就了刘彧猜忌多疑的人格。由于畏忌诸弟夺取太子刘昱的皇位，刘彧竟赐死有大功于己的刘休仁、刘休佑等，唯被刘彧认为才能平庸的异母弟刘休范得以保全。

昱辄放恣,准唯啜啼。

[注释] 昱:宋后废帝刘昱,刘彧长子,刘宋第八代皇帝。

放恣:乖张放纵,恣意胡为。

准:宋顺帝刘准,刘彧三子,刘宋末代皇帝,禅位萧道成。

啜啼:啜泣哭啼。

[释文] 刘昱暴戾,动辄恣意放纵;刘准无助,唯有啜泣哭啼。

[背景] 宋明帝死,其子刘昱即位。刘休范作为皇帝唯一在世的叔父被排斥于权力中枢之外,而朝政已完全由异姓寒门所控制。公元474年,刘休范以"清君侧"之名,率两万大军顺江而下,直扑建康。叛军一度攻入建康台城,幸而右卫将军萧道成扭转乾坤,击杀刘休范。刘氏江山自救的最后一搏以失败告终,而萧道成踩着刘休范的尸体成功进入刘宋的政治中心。刘昱年龄虽小却残暴嗜杀,每微服出宫,必备钳、锥、凿、锯等刑具,动辄杀人。一次萧道成在家中午睡,被乘兴而来的刘昱用骨箭射中肚脐。萧道成大骇,料日后必死于刘昱之手,遂重金收买刘昱侍卫,后者伺机将其斩杀。萧道成奉迎刘彧三子刘准为帝,自任相国,总领百官,称齐王,朝政尽出于萧氏。水到渠成之时,萧道成逼顺帝禅位。来人对刘准说:"您家先前取代司马氏亦是如此。"年少的刘准自知性命难保,只能哭泣道:"愿后身世世勿复生帝王家!"

道成应谶,萧赜校籍。

南北朝

[注释] 道成:齐高帝萧道成,南齐开国皇帝。

萧赜:齐武帝萧赜,萧道成长子,南齐第二代皇帝。

校籍:检籍,检校户籍。

[释文] 萧道成应验谶语,受禅称帝;萧赜明君治国,检校户籍。

[背景] 刘宋末年,民间流传谶语"金刀利刃齐刘之"。"金刀利刃"是繁体的"刘"字,谶语所指自是齐国代替刘宋。萧道成遂顺应天命,迫使刘准封其为齐王。公元479年,萧道成受禅于宋顺帝,改国号为齐,史称萧齐或南齐,刘宋亡。萧道成为政宽厚,节俭自奉,在临终前嘱托继任者萧赜以刘宋因萧墙之祸而灭亡为鉴。为扩大赋税,充盈府库,萧赜在其父的基础上对刘宋末年以来的户籍登记开展了大规模的清查检校。凡户籍伪冒不实者,一律自户籍登记上剔除(即"却籍"),并治以重罪。但检籍的政策受到庶族的激烈反对,以致引发叛乱。萧赜被迫妥协,宣布"却籍"无效,恢复刘宋末年所载户籍原状。虽有检籍的失败,但无碍于齐武帝萧赜"治世明君"的称谓。武帝在位期间,通好北魏,促进经济,使南齐出现了稳定发展的阶段,也为后来的南梁鼎盛打下基础。

业文身殁，支庶自居。

[**注释**] 业文：南齐前废帝萧昭业、少帝萧昭文俱为萧赜之孙，南齐第三、四代皇帝。

支庶：指萧齐旁支萧鸾，萧道成之侄，南齐第五代皇帝，史称齐明帝。

[**释文**] 萧昭业、萧昭文政变身死；萧鸾以支庶自居皇帝大位。

[**背景**] 公元493年，齐武帝萧赜去世。因太子萧长懋先武帝而死，萧赜临终时以萧鸾为侍中、尚书令，辅佐皇太孙萧昭业入继大统。萧鸾自幼丧父，由叔父萧道成抚养长大，视如己出。萧昭业即位后，将朝政悉数委托萧鸾，自己则滥行封赏，挥霍无度。萧鸾屡次规劝，萧昭业不予理睬。萧昭业又疑萧鸾心怀异志，试图将其外放，逐出权力核心。萧鸾于是发动政变废杀萧昭业，另立其弟萧昭文，独揽国政。萧昭文虽贵为九五之尊，却受萧鸾辖制，其饮食起居都要征得萧鸾许可。数月后，萧鸾以太后名义下诏，以萧昭文年幼体弱，难堪重任，需以长君治国为由，废黜萧昭文帝位，自己则取而代之。萧鸾虽为南齐旁支，却连杀两代齐帝，窃取皇位。同前朝政变夺权的宗室一样，萧鸾心中得位不正的不安使其愈发猜忌同宗。为绝后患，萧鸾几乎诛灭萧道成与萧赜的全部子孙。而萧道成死前嘱托萧赜要警惕刘宋皇族手足相残的教训可谓音犹在耳。

卷戾颇甚，融就须臾。

南北朝

[注释] 卷：齐后废帝萧宝卷，萧鸾次子，南齐第六代皇帝。

戾：凶残暴戾。

融：齐和帝萧宝融，萧鸾八子，为萧衍所废，南齐末帝。

就：就位，这里指登基为帝。

[释文] 萧宝卷暴戾尤甚；萧宝融为帝须臾。

[背景] 萧鸾临终前告诫其子萧宝卷"做事不可在人后"，以避免步萧昭业之后尘。萧宝卷秉承父训，即位后稍有猜疑便大兴诛戮。萧鸾留下的顾命大臣先后被杀，逼得始安王萧遥光、太尉陈显达、豫州刺史裴叔业、平西将军崔慧景等为求自保，或起兵反叛，或投降北魏。平定叛乱后的萧宝卷更加昏庸残暴，宠信奸臣，以致朝堂人心离散，方镇各怀异计。公元500年，萧宝卷赐死平叛有功的南齐将领萧懿，由此触怒了萧懿胞弟、雍州刺史萧衍，使其联合萧道成之侄萧颖胄拥戴萧宝融于江陵即位，传檄天下，讨伐萧宝卷。后萧颖胄病逝，萧衍成为义军唯一的领袖。萧衍大军沿江而下，包围建康。国难当头，仍有奸人向萧宝卷进谗言，称事到如今皆是大臣之过，怂恿其大开杀戒。已是众叛亲离的萧宝卷被守城将士所杀，萧衍入主皇都。不久，萧衍胁迫登基不满一年的萧宝融禅位，南齐亡。萧衍是萧道成的族侄，同为东晋淮阴县令萧整之后，但血缘关系疏远，因此并未延续南齐国号，而是另开新朝。

衍南久御，奝北长羁。

[**注释**] 衍：梁武帝萧衍，南梁开国皇帝。

奝：萧宝奝，萧鸾六子。

羁：停留他乡。

[**释文**] 萧衍在南朝统御日久；萧宝奝在北朝羁旅长留。

[**背景**] 入主建康的萧衍诛杀萧鸾诸子。萧鸾第六子萧宝奝逃奔北魏，并娶孝文帝之女南阳公主为妻。此后近三十年间，萧宝奝长期淹留于北朝，以代兄弟复仇为己任，屡次请缨率兵伐梁。梁武帝曾致信诱其归降，但萧宝奝不为所动，誓与南梁不共戴天。尔后，萧宝奝因畏惧朝议猜疑，杀关右大使郦道元，举兵叛魏，自称大齐皇帝，但兵败被擒，赐死于北朝。公元502年，萧衍代齐建梁，史称南梁或萧梁。梁武帝统御南朝长达近半个世纪，是南朝在位时间最长的皇帝，也是中国历史上有名的长寿帝王。萧衍可谓文武全才，不仅为南朝一帝，更是博通文史，为"竟陵八友"之一，史赞其"历观帝王艺能博学，罕或有焉"。在萧衍统治时期，正值北魏内乱，南梁得以大力发展国内经济和文化，自皇帝至王公，俱以儒雅为荣。在萧衍的影响下，南梁文风颇盛，催生了诸如萧统、沈约、萧子显、刘勰、江淹、吴均、庾信等一众不世出的文学巨匠，为中国历史留下了弥足珍贵的文化财富。

梁武帝 蕭衍

台城悖逆，佛寺皈依。

[**注释**] 台城：在建康城内，为皇宫所在地。

[**释文**] 侯景在建康台城悖逆不轨；萧衍在同泰寺内皈依佛门。

[**背景**] 也许因为早年杀戮太多，晚年的梁武帝转而笃信佛教，并潜修佛理、精研佛典、广修佛寺，甚至亲自登坛讲法，几可谓以佛法治国。杜牧诗云"南朝四百八十寺，多少楼台烟雨中"，极言佛教在南朝之盛。梁武帝竟几次舍身同泰寺出家为僧，群臣耗费国帑数亿才将其赎回（史称"梁武佞佛"）。时魏室分崩，高欢、宇文泰瓜分北朝，高欢一度重用的羯族将领侯景因受高澄猜忌而由东魏逃亡南梁，被梁武帝收留。尔后，东魏向南梁提出和解，侯景甚恐，便假冒高澄的名义向萧衍写信试探，要求以羁押在东魏的萧渊明交换侯景，梁武帝应允。侯景大怒，于公元548年在寿阳（今安徽寿县）起兵，"侯景之乱"爆发。侯景以梁武帝之侄萧正德为内应，并诱使其僭号称帝，与之围攻建康。南梁勤王军队云集城外，却隔岸观火，萧衍将求援诏书系于风筝放飞亦无济于事。次年，侯景终于攻克台城，却不敢枉杀梁武帝，只得将其软禁。八十六岁的"菩萨皇帝"无限唏嘘，一手开创大梁盛世又亲自葬送，感慨道："自我得之，自我失之，亦复何恨！"梁武帝终饿死于台城，结束了自己毁誉参半的漫长人生。

纲栋黜位，纪绎争嫡。

[注释] 纲：梁简文帝萧纲，梁武帝三子，南梁第二代皇帝，被侯景所废。

栋：梁兴文帝萧栋，梁武帝曾孙，南梁第三代皇帝，被侯景所废。

纪：梁废帝萧纪，梁武帝八子，南梁第四代皇帝，于成都称帝，为萧绎所灭。

绎：梁元帝萧绎，梁武帝七子，南梁第五代皇帝，于江陵称帝，为西魏所灭。

嫡：嫡统、正统。

[释文] 萧纲、萧栋先后被废黜帝位；萧纪、萧绎乘机争夺嫡统。

[背景] 台城陷落后，侯景废萧正德，专断建康军政。萧正德心怀不满，欲推翻侯景却反为其所杀。待萧衍饿死，侯景立萧衍太子萧纲为帝，自封为宇宙大将军。公元551年，侯景废黜萧纲，改立萧栋。同年，侯景令萧栋禅位，自立为帝，国号为汉。国破之际，梁武帝曾送密诏至江陵，令七子萧绎率兵勤王。而萧绎手握强兵却逡巡不进，坐等台城陷落，又写信给八弟萧纪，劝其在蜀地自守，莫去勤王。父兄罹难后，萧绎发兵攻灭河东王萧誉与邵陵王萧纶，又击退萧詧，迫使后者投降西魏。公元552年，侯景兵败，萧纪在成都称帝，萧绎亦在江陵即位，二者为争夺南梁正统而相互攻伐。萧绎请求西魏出兵攻取萧纪的益州，蜀地自此并入北朝版图。萧纪求和，萧绎却称"兄肥弟瘦，无复相代之期；让枣推梨，长罢欢愉之日"，遂攻灭萧纪。公元554年，投奔西魏的萧詧引魏兵围困江陵，萧绎生还无望，觉"读书万卷，犹有今日"，遂将所藏图书十四万卷付之一炬，叹息曰"文武之道，今夜尽矣"（史称"江陵焚书"）。

渊明拜奏，方智让揖。

[注释] 渊明：梁闵帝萧渊明，萧懿之子，梁武帝之侄，南梁第六代皇帝，为陈霸先所废。

拜奏：拜表奏谢。

方智：梁敬帝萧方智，梁元帝萧绎九子，南梁末帝，禅位于陈霸先。

让揖：拱手揖礼，这里指以位相让。

[释文] 萧渊明向北齐拜表奏谢；萧方智对陈霸先拱手揖礼。

[背景] 台城陷落后，侯景沿江西进，攻取江州、郢州（今湖北武昌），欲灭萧绎，却遭南梁名将王僧辩阻击。王僧辩收复江、郢，并与自南方北上勤王的陈霸先会师。侯景带兵出战，与王、陈联军大战于建康城北。侯景战败东奔，乘船逃往海上，为部下所杀，为祸南朝数载的"侯景之乱"遂平。"侯景之乱"使南朝的社会经济遭到了毁灭性的破坏，直接导致了南朝由盛转衰。而西魏借机并吞巴蜀之地、北齐乘势进占淮南江北，使北方的宇文氏、高氏和南朝的实力对比出现了根本性的逆转。战后，萧绎即位，却被西魏在江陵俘杀。西魏扶植萧詧以江陵一隅之地建立附庸政权西梁，后经萧岿、萧琮，立三世而亡于隋。萧绎既死，陈霸先、王僧辩本欲推举萧绎之子萧方智为帝，但在北齐的军事压力下，王僧辩于公元555年被迫迎立北齐看中的萧渊明，陈霸先苦劝无果。萧渊明登基后，拜表奏谢北齐君主高洋。同年，陈霸先在京口起兵，袭杀王僧辩，并废黜萧渊明，改立萧方智为帝。萧方智遂为陈霸先所挟制，政令不由己出，军国大事均由陈霸先决定。公元557年，萧方智封陈霸先为陈王，不久禅位与之，南梁亡。

霸先誉蒨，伯宗逊顼。

[注释] 霸先：陈武帝陈霸先，南陈开国皇帝。

誉：赞誉，称赞。

蒨：陈文帝陈蒨，陈霸先之侄，南陈第二代皇帝。

伯宗：陈废帝陈伯宗，陈蒨之子，南陈第三代皇帝。

顼：陈宣帝陈顼，陈蒨之弟，南陈第四代皇帝。

[释文] 陈霸先称赞侄子陈蒨；陈伯宗逊位叔父陈顼。

[背景] 陈霸先代梁建陈，史称南陈。南陈是中国南朝的最后一个朝代，也是中国历史上唯一一个国姓与国号相同的朝代。陈霸先非常倚重其侄陈蒨，称赞"此儿吾宗之英秀也"。陈蒨曾协助陈霸先击败王僧辩的女婿杜龛，又在广州刺史萧勃举兵讨陈时受命入都护驾。南陈建立两年后，陈霸先去世，其唯一在世的儿子陈昌仍被北周扣留，皇后章要儿遂与群臣急召陈蒨入宫继位。随后，北周先后放归陈昌与陈蒨之弟陈顼，陈昌归国后即被陈蒨暗害而死，而身为皇弟的陈顼则备受文帝重用。公元566年，文帝病重，遗诏以陈顼辅佐年幼的太子陈伯宗。两年后，总揽朝政的陈顼以太皇太后章要儿的名义下诏废黜陈伯宗，自立为帝，改元太建。陈宣帝在位期间，政治清明，国家安定，又遣名将吴明彻出兵北伐，一度收复江淮地区（史称"太建北伐"）。太建北伐是南朝试图恢复被"侯景之乱"破坏的江淮防线的最后尝试，但随着北周灭齐、吴明彻兵败被俘以及南朝最后的明主陈顼去世，北朝统一江南已势不可当。

后庭玉树,末主妖姬。

[注释] 后庭玉树:即《玉树后庭花》,为南陈后主陈叔宝所作,后世以之为亡国之音的象征。

末主:陈后主陈叔宝,陈顼长子,南陈末帝。

妖姬:指美女,《玉树后庭花》有"妖姬脸似花含露,玉树流光照后庭"之句。

[释文] 在《玉树后庭花》的艳词中,在陈叔宝的妖冶骊姬的歌声里,南陈曲终人散。

[背景] 公元582年,陈叔宝以陈宣帝嫡长子身份登基,是为陈后主。陈叔宝继位之时,正值隋朝立国之始。隋文帝杨坚有削平四海之志,而陈后主却耽恋诗文乐律,醉心声色犬马。陈叔宝创作的宫体诗《玉树后庭花》辞藻香艳华美,有"妖姬脸似花含露,玉树流光照后庭"之名句。《玉树后庭花》由妖冶骊姬所吟唱,被后世称为亡国之音。江南歌舞升平,江北秣马厉兵。公元589年,隋文帝命晋王杨广、秦王杨俊、清河公杨素为行军元帅,总管韩擒虎、贺若弼等率军五十一万分道直取南陈。陈后主却倚仗长江天险,不以为意道:"齐兵三来,周师再至,无不摧败而去,彼何为者耶?"然隋军竟长驱直入,饮马长江,以秋风扫落叶之势连下京口、姑孰(今安徽当涂县),陈军望风溃散。隋军一鼓作气攻破建康城,陈叔宝与其嫔妃逃入枯井中,被隋军擒获,南陈亡。至此,南北朝并立的局面宣告结束。继西晋"永嘉之乱"以来二百八十年,隋文帝完成了统一华夏的伟业。

珪安内宇，嗣攘外敌。

[注释] 珪：北魏道武帝拓跋珪，拓跋什翼犍之孙，北魏开国皇帝。

内宇：指国内。

嗣：北魏明元帝拓跋嗣，拓跋珪长子，北魏第二代皇帝。

攘：攘斥，驱逐。

[释文] 拓跋珪安定国内；拓跋嗣攘斥外敌。

[背景] 公元386年，拓跋珪乘前秦溃败、中原内乱之机兴复代国，后改国号为魏，北魏建国。拓跋珪对内实行改革，对外扩张领土。经"参合陂之战""柴壁之战"两场决定性的战争胜利，道武帝连克关东的后燕和关中的后秦，扫清了拓跋鲜卑称霸北方的最大障碍。公元409年，道武帝幽禁次子拓跋绍之母，欲杀之。拓跋绍当夜潜入宫中，杀拓跋珪。拓跋珪长子拓跋嗣又杀拓跋绍夺位称帝。就在北魏南下扩张之时，北方草原的柔然先后击败众多部族，在北魏留下的政治真空中发展壮大。柔然不断侵扰北魏边疆，拓跋嗣于是御驾亲征，北伐柔然。公元423年，宋武帝刘裕已死，拓跋嗣南征刘宋，夺取黄河南岸要地和山东青兖等地。同年，拓跋嗣病逝。拓跋嗣上承道武帝创业复国，下启太武帝统一北方，在北魏初年具有承前启后的枢纽地位。

焘临瓜步,余守京畿。

[注释] 焘:北魏太武帝拓跋焘,拓跋嗣长子,北魏第三代皇帝。

瓜步:南北朝军事要地,位于长江北岸,在今江苏六合。

余:北魏南安隐王拓跋余,拓跋焘幼子,北魏第四代皇帝。

京畿:京城,国都。

[释文] 拓跋焘兵临瓜步;拓跋余留守国都。

[背景] 拓跋嗣去世后,一代北朝雄主拓跋焘即位,是为北魏太武帝。在前人开疆拓土的基础上,雄才大略的太武帝攻灭胡夏、北燕、北凉等国,终于结束了中国北方群雄割据的混乱局面,于六十多年后再次缔造了苻坚统一江北的功业。时值刘宋元嘉年间,宋文帝见北魏忙于统一战争,认为有机可乘,便北上伐魏。宋军一路收复失地,推进至黄河南岸。但在隆冬时节黄河冰封后,魏军南下反击,连夺洛阳、虎牢数城。宋军狼狈败逃,幸有名将檀道济北上驰援,才免于全军覆没。二十年后,刘义隆重整旗鼓,欲雪前耻。刘宋精锐倾国出动,东西并进,却又被拓跋焘击退。太武帝乘胜御驾南征,留其子拓跋余镇守国都。北魏兵锋长驱直入,深入刘宋腹地。不久,拓跋焘兵临长江北岸的瓜步(今江苏六合),与刘宋都城建康隔江相望。因军中疫病流行,北魏也没有渡江作战的能力,太武帝饮马长江后班师而还。困守孤城的各处宋军不敢追击,而建康城内的宋文帝只落得"仓皇北顾"。

濬弘笃释，孝文易习。

[注释] 濬：北魏文成帝拓跋濬，拓跋焘之孙，北魏第五代皇帝。

弘：北魏献文帝拓跋弘，拓跋濬长子，北魏第六代皇帝。

笃释：笃信佛教。

孝文：北魏孝文帝元宏（拓跋宏），拓跋弘长子，北魏第七代皇帝。

[释文] 拓跋濬、拓跋弘笃信佛教；孝文帝元宏改易鲜卑旧习。

[背景] 公元452年，陷害太子拓跋晃的宦官宗爱担心事情败露，竟弑太武帝，迎立拓跋余。宗爱身居宰相高位，总管三省政务，其专擅跋扈日甚。拓跋余深感不安，欲削其权，却又被宗爱所杀。拓跋焘之孙拓跋濬登基为帝后，诛杀宗爱。太武帝在位时期，曾下诏灭佛。而拓跋濬继位后，一改太武帝灭佛的政令，复兴国内佛教，著名的云冈石窟即为文成帝下令修建。公元465年，拓跋濬逝世，其继任者拓跋弘更是痴迷佛法，甚至出家为僧，禅位于年仅四岁的太子拓跋宏，自为太上皇。拓跋宏即历史上赫赫有名的北魏孝文帝，而其汉化改革更是家喻户晓。为缓和社会矛盾，维护王朝统治，孝文帝与冯太后（北燕末主冯弘孙女，拓跋濬皇后）改革鲜卑旧有传统，讲汉语、穿汉服，将鲜卑姓"拓跋"改为汉姓"元"，并迁都洛阳，实现了对后世影响深远的汉化改革运动（史称"太和改制"）。但随着北魏的政治与经济中心的南移，原先为北魏戍守北疆的六镇（沃野、怀朔、武川、抚冥、柔玄、怀荒，在今内蒙古与河北一带）失去军事上的重要地位，六镇军人的社会阶层急剧下降，也为北魏内乱埋下隐患。

宏恪雄武，诩钊惨凄。

[注释] 宏：北魏孝文帝元宏。

恪：北魏宣武帝元恪，元宏次子，北魏第八代皇帝。

诩：北魏孝明帝元诩，元恪次子，北魏第九代皇帝。

钊：元钊，孝文帝元宏曾孙，北魏第十代皇帝。

[释文] 元宏、元恪雄才英武；元诩、元钊悲惨凄凉。

[背景] 公元 490 年，一代杰出的政治家、孝文帝改革的实际主持者冯太后病逝。孝文帝亲政，继续推行汉化改革，北魏中兴。公元 497 年，孝文帝领兵征讨南齐，攻取雍州数郡，败齐将萧衍于邓城（今湖北襄阳）。同年，孝文帝闻齐明帝死讯，下诏称"礼不伐丧"，引兵乃还。两年后，孝文帝与世长辞，其子元恪继续奉行汉化，又南取益州，北伐柔然，北魏疆域扩展，国力极盛。公元 515 年，笃信佛教的元恪在死前废除了北魏"子贵母死"的祖制，未赐死元诩生母胡氏，此举竟成千古大错。元诩幼年即位，胡氏得以临朝称制，继而祸乱朝纲，北方六镇起义随之爆发。边镇豪强尔朱荣借为北魏平乱之机扩充实力，在镇压起义后的降兵中招揽贺拔岳、高欢、宇文泰、侯景等一众帅才。元诩年龄渐长，愈发不满母后胡作非为，于公元 528 年密诏尔朱荣进京勤王，但忘了三百多年前的东汉大将军何进密诏董卓进京而引狼入室之下场。胡氏愤而毒杀元诩，立孝明帝之女，后又改立元钊。尔朱荣接到元诩密诏后大喜过望，以贺拔岳为先锋兴兵攻占魏都洛阳，立元宏之侄元子攸为帝，并将胡氏和元钊投入黄河，又围杀北魏皇族公卿两千余人（史称"河阴之变"）。

尔朱君刃，子攸贼逼。

[注释] 尔朱：尔朱荣，北魏军阀，"河阴之变"后掌握朝政大权。

刃：手刃，诛杀。

子攸：北魏孝庄帝元子攸，孝文帝之侄，为尔朱荣所立，北魏第十一代皇帝。

[释文] 尔朱荣为君王所手刃；元子攸被贼臣所逼迫。

[背景] "河阴之变"后，尔朱荣又平定了北魏内部的反对势力，得以操控北魏朝局，又强迫元子攸将其女尔朱英娥立为皇后，不臣之心昭然若揭。元子攸虽为尔朱荣所拥立，但不甘为傀儡，与尔朱荣的矛盾也日益尖锐。预感到危在旦夕的元子攸与心腹密谋刺杀尔朱荣，并仔细询问东汉王允谋诛董卓之事。元子攸慨然道："吾宁为高贵乡公（曹髦）死，不为常道乡公（曹奂）生！"洛阳城内遍布尔朱荣党羽，元子攸的密谋不胫而走。尔朱荣的亲信劝其抢先下手，但自视甚高的尔朱荣显然低估了元子攸的魄力。公元530年，孝庄帝借口尔朱皇后产子，将尔朱荣引诱进宫。尔朱荣并不起疑，直到入宫后见刀斧手杀入，才惊起直扑元子攸而去。元子攸膝上早已横备一刀，直刺尔朱荣，后者应声毙命。元子攸立即下诏赦免尔朱荣亲信将领，但事与愿违，尔朱荣一党势力对元子攸进行疯狂反扑。尔朱荣堂侄尔朱兆、尔朱荣从弟尔朱世隆拥立拓跋焘的后人元晔为帝，攻占洛阳。元子攸为尔朱兆所擒，终被绞杀于晋阳（今山西太原）。

晔推恭继，朗罢修即。

[注释] 晔：北魏东海王元晔，太武帝拓跋焘的后人，北魏第十二代皇帝。

恭：北魏节闵帝元恭，拓跋弘之孙，北魏第十三代皇帝。

朗：北魏安定王元朗，太武帝拓跋焘的后人，北魏第十四代皇帝。

修：北魏孝武帝元修，孝文帝元宏之孙，北魏末帝。

[释文] 元晔被推上皇位，后有元恭继为傀儡；元朗被罢黜帝位，而元修即位步其后尘。

[背景] 元子攸被害后，仅为帝四个月的元晔因其族属疏远而被尔朱世隆所废，尔朱氏改立拓跋弘之孙元恭为帝。当年尔朱氏平定六镇叛乱后，将六镇造反的降兵迁置于河北。六镇旧部不堪尔朱氏的凌暴，屡屡造反。尔朱兆遣其心腹高欢统领六镇兵马，高欢大喜，又借口粮草问题而统军移师山东，脱离尔朱兆的统辖。如梦方醒的尔朱兆迅速亲自带人一路疾驰追赶高欢，但为时已晚。高欢穿越太行山，严整军纪，所到之处秋毫无犯，山东之地人心归附。公元531年，高欢伪造尔朱兆军令，煽动饱受压迫之苦的六镇旧部反对尔朱氏。在群情激奋之下，高欢在信都（今河北邢台）起兵，另立北魏宗室元朗为帝，与尔朱氏公开决裂。尔朱兆与尔朱仲远、尔朱度律等率大军二十万攻打高欢，被高欢击败。几易其主的尔朱氏党羽斛斯椿抢先回到洛阳，尽杀尔朱一族，降于高欢。高欢入洛，废黜尔朱氏拥立的元恭，又令元朗逊位，立孝文帝之孙元修为帝。自元子攸以来，北魏皇帝均为乱臣所废立，沦为各个政治势力兴风作浪的傀儡。

北齐神武帝 高欢

国分欢泰，魏裂东西。

[注释] 欢：北齐神武帝高欢，东魏的实际掌权人，北齐政权的奠基者。

泰：北周文帝宇文泰，西魏的实际掌权人，北周政权的奠基者。

[释文] 国家被高欢、宇文泰所瓜分；北魏分裂为东魏、西魏两部分。

[背景] 在高欢控制关东、诛除尔朱余党的同时，为尔朱氏镇守关中的贺拔岳联合侯莫陈悦攻占长安，割据关陇，与高欢抗衡。贺拔岳以其旧部为班底，整合关陇地区的军事力量，形成为后世所熟知的关陇集团。关陇集团胡汉杂糅，文武合一，西魏、北周乃至隋唐皇室均出于此，对后世影响尤为深远。元修即位后，不满高欢专擅，便密谋结好贺拔岳。贺拔岳部下宇文泰自请出使晋阳拜见高欢。高欢十分欣赏宇文泰的才干，欲留为己用，宇文泰固辞而返。高欢极其忌惮盘踞关中的贺拔岳，竟成功挑唆侯莫陈悦将其谋杀。贺拔岳死后，宇文泰收拢部众，击败侯莫陈悦，主宰关陇集团。在关东，斛斯椿因反复无常，恐为高欢所不容，于公元534年唆使孝武帝出兵讨伐高欢。高欢带兵自晋阳南下，斛斯椿与元修弃国西逃。高欢再入洛阳，遣人追赶孝武帝，请其东归。孝武帝一行快马加鞭，终于西抵长安。宇文泰携诸将相迎，元修逃出生天。但元修此举无异于避汤入火，在关中的孝武帝亦被宇文泰所架空，次年遭其毒杀。

见炬并立，钦廓屡欺。

[**注释**] 见：东魏孝静帝元善见，孝文帝元宏曾孙，东魏皇帝，为高欢所立，后为高洋所废。

炬：西魏文帝元宝炬，孝文帝元宏之孙，西魏首位皇帝，为宇文泰所立。

钦：元钦，元宝炬长子，西魏第二代皇帝，为宇文泰所废。

廓：西魏恭帝元廓（后改名拓跋廓），元宝炬四子，西魏末帝，为宇文泰所立，后为宇文护所废。

[**释文**] 东西对峙，元善见、元宝炬二帝并立；宇文专擅，元钦、元廓屡受欺凌。

[**背景**] 高欢以元修弃国西奔为由，遥废其帝号，另立元善见为帝，并将都城由洛阳迁至邺城。元善见为帝十六年，一切唯高家之命是从，是东魏唯一的皇帝。在西魏，宇文泰毒杀元修后另立元宝炬。至此，魏分东、西，高欢和宇文泰成为东魏和西魏的实际掌权者。此后，东魏、西魏在高欢和宇文泰两位军事家的带领下进行了长达十余年的兼并战争，让北朝的历史异彩纷呈。经"小关之战""沙苑之战""河桥之战""邙山之战"，双方互有胜负。公元546年，高欢率十万大军南下围攻西魏玉璧（今山西稷山），而玉璧城在西魏名将韦孝宽的镇守下岿然不动（史称"玉璧之战"）。高欢损兵折将，忧愤成疾。为稳定军心，高欢强撑病体，召集诸将宴饮，令斛律金唱《敕勒歌》："敕勒川，阴山下。天似穹庐，笼盖四野。天苍苍，野茫茫。风吹草低见牛羊。"高欢亲自和唱，哀感流涕。次年，一代枭雄高欢含恨离世。在西魏，元宝炬死后，其长子元钦即位。元钦不堪宇文泰欺凌，欲行孝庄帝故事，谋刺权臣宇文泰，但事泄被废。宇文泰遂立元宝炬四子元廓，逼其恢复拓跋旧姓，专政擅权如故。

澄狂殴帝，洋癫为琵。

[注释] 澄：北齐文襄帝高澄，高欢长子，东魏权臣，北齐的奠基者。

洋：北齐文宣帝高洋，高欢次子，北齐开国皇帝。

为：制作。

[释文] 高澄狂悖，公然命人殴打皇帝；高洋疯癫，竟以人骨做成琵琶。

[背景] 高欢死后，其长子高澄掌控东魏朝政。东魏大将侯景心怀异志，拥兵自重，后投靠西魏。高澄讨伐侯景，后者又败走南梁，继而引发侯景之乱，将海晏河清的南朝搅得天翻地覆。高澄趁火打劫，尽吞南朝两淮之地，将南北分界拓展到长江沿线。高澄有此战功，更加狂妄悖逆，对元善见动辄凌辱。一次酒宴上，高澄对皇帝无礼，孝静帝怒道："自古无不亡之国，朕亦何用此活！"高澄勃然大怒，竟骂道："朕！朕！狗脚朕！"高澄又公然命属下殴帝三拳，甩袖而去。元善见悲愤交加，欲在宫中挖掘地道出逃，被高澄发觉，身为人臣的高澄竟大言不惭地质问皇帝元善见何故"谋反"。正在距篡位仅一步之遥时，高澄被府中厨子砍杀，其弟高洋承袭父兄基业。公元550年，高洋废东魏孝静帝，改国号为齐，史称北齐。在统治前期，高洋尚为一代英主，其四向征伐，屡败柔然，出击南朝，使宇文泰不敢轻易东向，被称为"英雄天子"。而随着宇内安定，高洋变得荒淫暴虐，甚至行事疯癫。一日，高洋竟突然杀死与他如胶似漆的爱嫔，肢解其尸体，并将其髀骨做成琵琶弹奏，又对之泣曰"佳人难再得"。

殷悸失语，演骇致疾。

[注释] 殷：北齐废帝高殷，高洋长子，北齐第二代皇帝。

演：北齐孝昭帝高演，高欢六子，北齐第三代皇帝。

[释文] 高殷因惊吓而变成口吃；高演因惧骇而一病不起。

[背景] 高洋曾令太子高殷亲手诛杀囚犯，高殷心生恐惧，难以下手。高洋大怒，用马鞭抽打高殷，高殷自此心悸口吃，精神恍惚。高洋在临终前传位高殷，并托孤六弟高演，甚至表示可以皇位相让，唯不可加害高殷。高殷继位后，以祖母娄昭君为太皇太后，尚书令杨愔等人辅政，削弱皇族诸王权力。公元560年，娄昭君与高演、高湛发动政变，处死杨愔，废黜高殷，改立高演。登基后的高演权衡再三，终究违背了和高洋的约定，秘密处死高殷。高演悔恨不已，又仿佛见高洋、杨愔等人的鬼魂找其索命，自此精神失常，病入膏肓。娄昭君探望，并再三问及高殷所在。高演默而不语，娄昭君方知高殷被害，大怒道："杀之耶？不用吾言，死其宜矣！"面对太后的责骂，高演的悔惧更无以复加，其临终之际又见厉鬼缠身，竟神志错乱，跪拜哀号，不久暴亡。

湛亲奸佞，纬册犬鸡。

[注释] 湛：北齐武成帝高湛，高欢九子，北齐第四代皇帝。

纬：北齐后主高纬，高湛次子，北齐第五代皇帝。

册：册封，晋爵。

[释文] 高湛亲近奸佞小人；高纬册封牛马犬鸡。

[背景] 高演死前，因担心年幼的儿子高百年重蹈高殷覆辙，便索性传位其弟高湛，并恳求高湛不要效法自己杀害侄儿。然而，高湛即位后并未遵守诺言，虐杀了高百年。和士开是高湛的宠臣，他一面阿谀谄媚高湛，劝其及时行乐、恣睢放纵，一面权倾朝野，打压异己，甚至传闻和高湛的胡皇后有染，是历史上有名的佞幸。在高洋执政初期，北齐军事实力强大。每当入冬，西魏就要凿碎河上的冰面以防北齐进攻；可到高湛时期，北齐朝政腐败，东西攻守易势，每年冬天需要凿碎冰面的已成为北齐一方。此真谓"三十年河东，三十年河西"。公元565年，高湛为顺应天象，传位太子高纬，而高纬之昏庸相比其父有过之而无不及。高纬提拔自己身边不学无术的佞臣穆提婆、高阿那肱、韩凤，时人称"三贵"，甚至还册封其钟爱的牛马犬鸡，使之和朝臣具有同样的地位。在佞臣的挑唆下，高纬先后诛杀名将斛律光、兰陵王高长恭，自毁北齐长城。

上皇诞纵,幼主流离。

[注释] 上皇:太上皇高纬,被北周俘虏。

诞纵:放纵恣肆。

幼主:北齐幼主高恒,高纬之子,北齐末代皇帝,被北周俘虏。

[释文] 太上皇高纬放纵恣肆;幼主高恒转徙流离。

[背景] 高纬的放纵使得朝纲腐坏,军力衰败。公元573年,陈宣帝遣吴明彻北上伐齐,尽收"侯景之乱"中丧失的江淮故土,成就了南朝历史上最后的高光时刻。当寿阳失守的消息传回北齐,正在玩乐的穆提婆、韩凤竟称:"本是彼物,从其取去。"穆提婆又劝说高纬,称即便国家失去黄河以南,犹可做龟兹一国,更何况人生如寄,当及时行乐,不必忧愁。公元576年,北周武帝宇文邕亲征北齐,攻打晋州。当晋州被围的急报送往正在祁连池围猎的高纬时,被高阿那肱阻拦。北周大军一路北上,围困晋阳,高纬出逃邺城,穆提婆转投北周。留守晋阳的北齐将领推举高澄之子高延宗为帝,在晋阳城下大败宇文邕,周武帝险死于乱军之中。宇文邕整军再战,终克晋阳。高纬魂飞魄散,将皇位匆匆禅让给年幼的太子高恒,自为太上皇帝,携高恒出逃都城,辗转流亡。见周军紧追不舍,高纬又以高恒名义发布诏令,禅位于驻守在瀛洲(今河北河间)的高欢十子高湝。公元577年,高阿那肱与北周里应外合,将欲南奔陈朝的高纬父子擒获。高湝则拒绝宇文宪的劝降,力战被擒。宇文宪问高湝何苦如此,高湝答:"我为神武帝子,兄弟十五人,幸而独存,逢宗社倾覆,今日得死,无愧坟陵。"

护弑觉毓，邕灭高齐。

[注释] 护：宇文护，宇文泰之侄，西魏、北周权臣。

觉：北周孝闵帝宇文觉，宇文泰三子，为宇文护所立，北周第一代国君，后为宇文护所废。

毓：北周明帝宇文毓，宇文泰庶子，为宇文护所立，北周第二代皇帝，后为宇文护所废。

邕：北周武帝宇文邕，宇文泰四子，为宇文护所立，北周第三代皇帝，诛杀宇文护。

高齐：即北齐。

[释文] 宇文护弑宇文觉、宇文毓；宇文邕诛灭高氏北齐。

[背景] 公元 557 年，宇文泰病逝前将国家大权托付其侄宇文护。不久，宇文护废杀西魏末帝拓跋廓，立宇文泰三子宇文觉为天王，国号大周。西魏亡，北周立。未几，因权力之争，宇文护废杀宇文觉，立宇文毓。不久，宇文护又毒杀宇文毓，改立宇文邕。宇文邕汲取兄长教训，放任宇文护专权，却暗中伺机除之。公元 572 年，宇文邕借宇文护劝谏太后的机会，趁其不备举起玉珽猛击其头，宇文护应声倒地，被砍死。宇文邕得以独掌朝权，遂罢斥佛教、扩充兵源，北和突厥，南通陈朝，以备灭齐。公元 575 年，宇文邕与其弟宇文宪力排众议，在北齐日薄西山之际，率司马消难、达奚震、杨坚等大举伐齐，但宇文邕因病还师。次年，宇文邕卷土重来，连克北齐平阳、晋阳，并于公元 577 年攻入齐都邺城，俘虏高氏父子，北齐亡。继北魏分崩之后，北周再度统一中国北方，为十余年后隋并天下奠定基础。

赟择五后，阐赐九锡。

[**注释**] 赟：北周宣帝宇文赟，宇文邕长子，北周第四代皇帝。

阐：北周静帝宇文阐，宇文赟长子，北周末帝，为杨坚所篡。

九锡：即九赐，古代天子赐给诸侯的九种器物。因王莽代汉先邀九锡，后世魏晋六朝权臣篡位皆袭王莽故事。

[**释文**] 宇文赟为自己择立五位皇后；宇文阐为权臣杨坚颁赐九锡。

[**背景**] 在吞并北齐后，宇文邕北征突厥，却猝然长逝，年仅三十六岁。倘使周武帝不死，以其雄才大略，必能在有生之年统一华夏，比肩秦皇汉武。但历史总是充满遗憾，宇文邕之死直接改变了中国历史的走向。周武帝对太子宇文赟管教极其严苛，动辄鞭棍殴打。宇文赟因此性格扭曲，行事偏激。周武帝驾崩后，宇文赟大骂其父死得太晚，又脱去丧服，庆祝登基，并命人将宇文邕的灵柩移出宫去。穷奢极欲的宇文赟还下令遴选天下美色充其后宫，并为自己择立五位皇后，其中一人便是随国公杨坚之女杨丽华。宇文赟杀害皇叔宇文宪，又勒令赵王宇文招、陈王宇文纯、越王宇文盛、代王宇文达、滕王宇文逌离开长安，导致宗室势力衰落。公元579年，宇文赟禅位给年仅八岁的太子宇文阐，以杨坚为辅臣。次年，宇文赟纵欲而亡，近臣刘昉、郑译与杨坚合谋伪造遗诏，使北周朝政旁落杨氏之手。在篡位前夕，杨坚又逼迫宇文阐为其封王晋爵、颁赐九锡。

杨昌宇敝，隋创周息。

[**注释**] 杨：隋文帝杨坚，隋朝开国皇帝。

宇：宇文家族。

[**释文**] 杨坚权力日隆，隋朝创立；宇文家门凋敝，北周息止。

[**背景**] 北周静帝宇文阐拜杨坚为丞相，统领百官。杨坚治国有方，一改前代苛政，天下人心归附。相州总管尉迟迥、郧州总管司马消难、益州总管王谦见北周皇权旁落，杨坚不臣之心已显，分别在关东、江淮和蜀地起兵反叛（史称"三总管之乱"）。杨坚派名将韦孝宽等平息叛乱，尉迟迥兵败自戕、司马消难南逃陈朝、王谦战败被杀。尔后，杨坚以谋反罪名，先后诛杀宇文招、宇文盛、宇文纯、宇文达、宇文逌五王，彻底肃清宇文家族，宇文氏殆无遗种。公元581年，炙手可热的杨坚胁迫宇文阐将其晋封为隋王，北周静帝又以杨坚众望所归而宣诏禅让。杨坚建隋，北周亡。后人多以得国不正而诟病杨坚，以清代学者赵翼最为一针见血："古来得天下之易，未有如隋文帝者，以妇翁之亲，值周宣帝早殂，结郑译等矫诏入辅政，遂安坐而攘帝位……窃人之国，而戕其子孙至无遗类，此其残忍惨毒，岂复稍有人心！"

隋唐五代

【隋唐五代】

开皇南下,大业西伐。重提锐旅,再并中华。通渠北贯,精甲东铄。
江都天子,河朔豪侠。充流窦斩,侑黜渊达。唐公后举,秦王先发。
一生戎马,百战黄沙。岱峰高治,感业娇葩。中睿垂拱,女帝振刷。
显茂庸懦,粉黛猖猾。李旦委政,玄基摩崖。开元盛景,安史高牙。
肃亨颠沛,子仪弹压。代豫锄孽,德适丧家。内宫权宦,外域嚣阀。
顺诵祚浅,宪纯政佳。穆恒顽昧,敬湛游暇。文昂幽禁,武炎擢拔。
宣忱得道,懿漼失察。僖儇遁蜀,黄巢赋花。晔柷轩殿,全忠府衙。
五代迭霸,一统摧塌。克用骁勇,朱温奸黠。珪贞亲灭,存勖威加。
嗣源兵噪,厚珂军哗。敬瑭献土,重贵抗挞。知远伺取,承祐贸杀。
郭威尚俭,柴荣明罚。丰功犹在,壮志惜煞。师还将返,母惧儿怛。

开皇南下，大业西伐。

[**注释**] 开皇：隋文帝杨坚的年号。杨坚，隋朝开国皇帝。

　　　　大业：隋炀帝杨广的年号。杨广，隋朝第二代皇帝。

[**释文**] 杨坚南下并吞陈朝；杨广西征灭吐谷浑。

[**背景**] 公元581年，杨坚受禅称帝，篡周建隋，改元开皇。公元589年，隋军南下伐陈，生擒后主陈叔宝。杨坚对陈叔宝殊为优待，准许其以三品官员的身份上朝。杨坚邀请陈叔宝参加宴会，恐其伤怀，不准宫人演奏江南乐曲。自西晋以降，陈后主是罕有的能得善终的亡国之君。陈朝的覆亡不仅是一个朝代的终结，更宣告了南北朝并立的结束，九州万方得以再度统一。自西晋"永嘉之乱"至隋灭南陈，北方历经十六国、北魏、东魏、西魏、北齐、北周，南方历经东晋、宋、齐、梁、陈，凡二百八十年，终归隋朝一统。公元600年，在次子杨广的诬告以及独孤皇后的推波助澜下，隋文帝废黜太子杨勇，改立杨广为储君。四年后，隋文帝在仁寿宫病逝，太子杨广即位，年号大业，是为隋炀帝。杨广假传文帝遗嘱，逼迫废太子杨勇自尽，软禁四弟蜀王杨秀，又镇压了五弟汉王杨谅的反叛。自十六国以来，吐谷浑长期盘踞在青海、河西一带，为辽西慕容鲜卑所建。公元609年，杨广西征灭吐谷浑，以其地新置州郡，为隋朝拓疆千里。

重提锐旅,再并中华。

[**注释**] 锐旅:精锐部队。

[**释文**] 文帝、炀帝重提精锐之旅,再次剪灭群雄,混一华夏。

[**背景**] 二百余年来,南北朝战火连绵。比及杨隋,终有文帝重整精锐,南下灭陈,再度削平四海。开皇时期,国富民安,府库丰积,社会空前繁荣(史称"开皇之治")。继任者杨广西攻吐谷浑、南讨林邑、北征契丹、东灭琉球,隋朝版图达到顶峰,中原帝国实力再次极盛。然隋朝的历史功绩不仅是顺天应时地完成了华夏一统的功业,还在于隋文帝开皇时期的一系列政治举措,对后世中国政治制度之影响不可谓不深远。隋文帝将地方州、郡、县三级减为州、县两级,以精兵简政,又首创三省六部制度和科举制度,废止了自曹魏以来三百余年的九品中正制。隋朝开创了中国封建社会政治体制的新阶段,其大量制度由唐朝承袭,并为后续封建王朝沿用千年。秦隋两朝都结束了中国长期的大分裂时代,又同是二世而亡,更均为后世王朝确立了崭新的政治制度之雏形。历史之轮回,耐人寻味。

通渠北贯，精甲东铩。

[**注释**] 通渠：畅通的河道，这里指隋朝大运河。

精甲：精良的铠甲，这里指装备优良的军队。

铩：摧残，挫败。

[**释文**] 隋朝运河向北方贯通；帝国精兵在东方战败。

[**背景**] 杨广颇有雄才，志存高远，如果仅以执政早期的功绩来评价杨广，想必史籍中又会多出一位功业显赫的帝王。然而成为千古一帝的雄心催促杨广把帝国的列车开得过快，以至于迅速脱轨，竟导致身死国灭。杨广好大喜功，倚仗开皇年间的经济硕果，兴建东都洛阳，大修离宫别馆。为进一步控制江南地区，还疏浚前朝河道，建造南起吴会、北至涿郡的隋朝大运河。每一项工程动辄征调壮丁百万，耗费财力空前，百姓"流离道路，转死沟壑，十八九焉"，"天下死于役而家伤于财"。在军事上，杨广置国情民意于不顾，倾全国之力接连发动大规模战争，以致"征税百端，人不堪命"。隋炀帝集百万之众三伐辽东的高句丽，但都铩羽而归。待三征辽东结束时，一曲道出大业年间百姓疾苦的民谣《无向辽东浪死歌》已在底层人民中口口相传，进而导致了大规模农民起义，将帝国从"开皇之治"的强盛直接跌入到万劫不复的深渊。

江都天子，河朔豪侠。

[注释] 江都：今扬州。杨广曾三下江都，后死于此。

河朔：黄河以北的地区。

[释文] 天子杨广在江都避难；各路豪强在河朔起兵。

[背景] 杨广之欲为，也许是旷古绝今的"大业"，但杨广之所为，导致了空前绝后的恶果。隋炀帝的横征暴敛终于激发了人民的反抗，百姓纷纷揭竿而起，轰轰烈烈的隋末农民起义爆发。至公元615年，起义军的浪潮席卷隋朝多地，在山东、河北、河南之地已集结数十个军事武装集团的百万义军，规模较大的起义军有河南的瓦岗军、河北的窦建德军等。隋朝烽烟四起，中原大乱，杨广遂从洛阳迁往江都（今江苏扬州）避难。锐意尽失的隋炀帝在江都的离宫中常引镜自照，感叹道："好头颈，谁当斫之！"杨广心灰意冷，已无意北归，对萧皇后说："外间大有人图侬，然侬不失为长城公（陈叔宝），卿不失为沈后（陈叔宝皇后），且共乐饮耳！"然而，从驾者均为关中卫士，不愿随杨广在江南久留。公元618年，虎贲郎将元礼与直阁裴虔通共谋，推宇文化及为首，利用禁卫军思家盼归的怨恨情绪，发动哗变，擒获杨广。杨广欲饮毒酒自尽，叛军不许，将其缢杀。"大业"尽丧，隋二世而亡，国祚三十七年。

充流窦斩，侑黜渊达。

[注释] 充：王世充，原为隋将，炀帝死后立杨桐为帝，后废之自立，国号郑。

窦：窦建德，隋末农民起义领袖，建立夏国。

侑：隋恭帝杨侑，杨广之孙，李渊攻入长安后立为隋帝，后被李渊所废。

渊：唐高祖李渊，唐朝开国皇帝。

[释文] 王世充被流放、窦建德被处斩；杨侑被废黜，李渊自此显达。

[背景] 李渊是十六国时期西凉开国君主李暠的后裔，其祖父李虎、父亲李昞在西魏和北周时期身份显贵。李渊七岁时承袭父亲的唐国公封号，其和杨广更是表兄弟，二人的母亲系亲姐妹。作为隋朝勋贵，李渊被隋炀帝任命为太原留守，负责镇守晋阳。正在隋末农民起义风起云涌之际，李渊觉时机成熟，于晋阳举兵，传檄天下，斥责隋炀帝黩武穷兵、逆天虐民。半年后，李渊攻入长安，立隋炀帝孙杨侑为帝，遥尊远在江都的杨广为太上皇，并逐渐控制关中地区。公元618年，杨广在江都遇害，李渊废黜隋恭帝杨侑，自立为帝，国号唐，三百年大唐基业自此而始。其后，李渊与太子李建成、次子秦王李世民、四子齐王李元吉逐步荡平周边割据政权，与郑主王世充、夏主窦建德在北方三足鼎立。公元621年，秦王李世民围困王世充于郑都洛阳。深感唇亡齿寒的窦建德率兵援郑，唐夏两军在虎牢关（今河南荥阳）相持不下。李世民趁敌不备，东渡汜水，大破夏军，生擒夏主窦建德。王世充见大势已去，遂出城投降（史称"虎牢关之战"）。窦建德被押往长安处斩，王世充则流放蜀地。李世民虎牢关一战擒二主，为李唐立下不世之功。

唐公后举，秦王先发。

[注释] 唐公：唐国公李渊，李渊在隋朝为唐国公。

举：举事、起义。

秦王：秦王李世民，李渊次子，在唐初被封为秦王。

[释文] 唐国公李渊在晋阳谋定后动；秦王李世民在玄武门先发制人。

[背景] 在隋末群雄割据中，杨玄感、李密、窦建德、杜伏威等反叛势力先后斩木揭竿，而唐国公李渊却按兵不动。直到中原烽烟四起，杨广南下江都，李渊知隋祚已尽，遂谋定后动，举事晋阳，在数年内攻灭王世充、窦建德、刘黑闼、萧铣（萧衍六世孙）、林士弘、杜伏威、辅公祏等，终而剪并英豪，成为隋末混战的最终赢家。在唐朝的统一战争中，秦王李世民劳苦功高，被李渊封为"天策上将"，位在诸王之上，其功烈震主也逐渐受到李渊和太子李建成的猜忌与打压。公元626年，二十八岁的秦王李世民决定先发制人，率领亲信经玄武门入宫，密设伏兵，将准备入朝的太子李建成和齐王李元吉射杀（史称"玄武门之变"）。随后声称"秦王以太子、齐王作乱，举兵诛之"，遣满身血污的尉迟恭披甲持矛威逼李渊，后者惊愤之余只得接受既定事实。三日后，李渊被迫册立秦王李世民为太子，两月后传位，自称太上皇。李世民登基为帝，改元贞观，是为载誉丹青的唐太宗。

一生戎马，百战黄沙。

[**注释**] 黄沙：沙场。

[**释文**] 唐太宗李世民戎马一生，征战沙场，威服四方。

[**背景**] 李世民的登基无疑是一场戮兄逼父的血腥政变，但玄武门喋血换来了中国古代历史上最辉煌的时代，以至于千余年后的今日，生活在这片土地上的人们依然为唐太宗的文治武功而叹服。李世民一生征战沙场，不仅在早年为唐朝开国立下赫赫功勋，更在登基后平定四夷，威震八方，可谓"天纵之圣"。公元630年，唐太宗令李靖出师塞北，灭亡东突厥，生擒颉利可汗，将国境推至大漠，西域诸国尊李世民为"天可汗"。公元634年，隋末重新崛起的吐谷浑寇边，被唐朝击败，吐谷浑王自缢而死，部众归附唐朝。公元640年，唐太宗灭高昌，在其故地置安西都护府，以为唐朝统治西域的前哨。公元644年，唐朝继续西进，先后消灭焉耆、龟兹，西境直至今乌兹别克斯坦。公元646年，唐灭薛延陀汗国，设安北都护府，彻底控制漠北地区。晚年的李世民亲征高句丽，但因公元649年唐太宗的驾崩而功败垂成。在国内，唐太宗励精图治，选贤举能，复兴文教。终贞观一朝，社会稳定，政治清明，经济恢复，史称"贞观之治"。

岱峰高治，感业娇葩。

[**注释**] 岱峰：泰山之巅。岱，泰山的别称。

高治：唐高宗李治，李世民九子，唐朝第三代皇帝。

感业：感业寺，武则天出家为尼的地方。

娇葩：娇艳的鲜花，这里引申为美艳的女子。

[**释文**] 登顶泰山的高宗李治；深居感业寺的武氏。

[**背景**] 唐太宗死后，其九子李治即位，改元永徽。唐高宗李治继承了贞观年间的政治遗产，在太宗朝老臣李勣、长孙无忌、褚遂良等人的辅佐下，唐朝疆域极盛。李治用兵西域，远及葱岭（今帕米尔高原）、碎叶（今吉尔吉斯斯坦境内），将中原帝国的势力深入中亚腹地。永徽年间，帝国东起朝鲜半岛，西至咸海，北临贝加尔湖，南及越南横山，为大唐以前的历代封建王朝所不能及。武则天花容月貌，美艳端庄，原为太宗的五品才人，曾与太子李治互有情愫。太宗崩，武则天依例入长安感业寺为尼，后又被高宗李治纳入宫中。而武则天何止美貌绝伦，更是工于心计。经过数年的经营，武则天竟成功取王皇后而代之，成为高宗的新皇后。公元665年，宇内承平，四海安澜，天下大治（史称"永徽之治"），唐高宗和武则天携文武百官至泰山封禅，祭祀天地。自秦皇以来，封禅泰山者只有六位皇帝：秦始皇、汉武帝、汉光武帝、唐高宗、唐玄宗和宋真宗。

中睿垂拱，女帝振刷。

[**注释**] 中：唐中宗李显，高宗七子，武则天三子，唐朝第四代皇帝。

睿：唐睿宗李旦，高宗八子，武则天四子，唐朝第五代皇帝。

垂拱：李旦的年号；也表示垂裳拱手，无为而治。这里是双关，暗示李显、李旦两代皇帝身为傀儡，无所作为。

女帝：女皇武则天，也称武曌。

振刷：振作图新。

[**释文**] 李显、李旦垂拱而治；女皇武则天振作图新。

[**背景**] 李治晚年常患风眩，无法理政，武则天常代为裁决。李治死，李显即位，政事皆出于皇太后武则天。李显试图重用其皇后韦氏的宗亲，组建属于自己的政治班底，并愈加不满太后擅权。武则天愤然废黜李显帝位，改封其为庐陵王，逐出长安。武氏自专朝政，立李旦为傀儡皇帝，后改元垂拱。垂拱即垂裳拱手，常指统治者无为而治、顺其自然，也颇符合李旦身为皇帝却幽禁深宫、无所作为的状态。公元684年，李勣之孙、英国公李敬业（徐敬业）起兵讨武，虽迅速被镇压，但文豪骆宾王为其撰写的《为徐敬业讨武曌檄》激昂慷慨、振聋发聩，以至传诵千古——"请看今日之域中，竟是谁家之天下"，极言武则天牝鸡司晨，阴图李唐社稷之险恶。公元690年，在剪除李唐宗室、打压关陇勋贵后，武则天称帝篡唐，建立大周，成为中国历史上唯一的女皇帝。武周时期，农业进一步发展，科举制度持续完善，百姓安居乐业，上承"贞观遗风"，下启"开元盛世"，史称"武周之治"。

则天大圣皇后 武曌

显茂庸懦，粉黛猖狯。

[**注释**] 显：唐中宗李显，"神龙政变"后复辟。

茂：唐少帝李重茂，李显四子，唐朝第六代皇帝，为韦后所立。

粉黛：这里代指李显的皇后韦氏、女儿安乐公主。

猖狯：猖狂狡猾。

[**释文**] 中宗、少帝平庸怯懦；李显妻女猖狂狡猾。

[**背景**] 晚年的武则天宠信张氏兄弟，任用酷吏，荒怠朝政。公元705年，宰相张柬之联合朝臣发动"神龙政变"，诛杀张氏兄弟，逼迫武则天退位，还政于中宗李显。同年，武则天病逝，享年八十二岁。唐朝复辟，昙花一现的武周退出历史舞台。李显再度登基后，任由皇后韦氏干预朝政。韦后与武氏家族的武三思（武则天侄）、武崇训（武三思子）等结为政治同盟，中宗对此毫无作为。韦后因太子李重俊非其亲生，常与武崇训欺凌太子。韦后与其女安乐公主甚至建议中宗废黜太子，立安乐公主为皇太女。公元707年，忍无可忍的李重俊诛杀武三思父子，本欲再杀韦后，却在玄武门受阻，反被左右杀害。公元710年，权欲熏心的母女二人居然将李显毒杀，立中宗幼子李重茂，改元唐隆。韦后则临朝称制，欲效法武则天。

李旦委政,玄基摩崖。

[注释] 李旦:唐睿宗李旦,"唐隆政变"后复辟。

玄基:唐玄宗(唐明皇)李隆基,李旦三子,唐朝第七代皇帝。

摩崖:摩刻石崖。

[释文] 唐睿宗李旦将军政委托太子;唐玄宗李隆基命人摩刻泰岳石崖。

[背景] 李重茂甫一登基,李旦三子李隆基便联合武则天之女太平公主发动"唐隆政变",诛杀韦后和安乐公主,彻底剿灭韦氏集团。太平公主亲手将李重茂拽下皇位,使其让位李旦。李旦长子李成器也许吸取了唐初李建成的教训,主动将皇储之位让与李隆基。太平公主倚仗其兄李旦而干预朝政,与太子李隆基屡有矛盾,甚至建议宰相宋璟更易太子。公元712年,眼见太子与太平公主的冲突已无法缓和,唐朝江山恐再生枝节,李旦不顾太平公主反对,毅然将皇位让与李隆基,悉数委托军国大政。次年,李隆基发动"先天政变",诛杀太平公主及其党羽。至此,一场在中国古代史中空前绝后的、多个女性竞相投身于激烈的政治角逐的"红妆时代"落幕。李隆基任用贤相姚崇、宋璟,励精图治,唐朝国力蒸蒸日上。公元725年,李隆基率文武百官自南麓登顶泰岳,举行封禅大典。唐玄宗御制《纪泰山铭》,宣扬唐朝历代帝王的功绩及其封禅泰山的经过,并将其摩刻泰岳大观峰。《纪泰山铭》摩崖形制雄伟,文辞雅驯,书法遒劲,至今仍为泰山名刻。

开元盛景,安史高牙。

[注释] 开元:唐玄宗的年号。

安史:指安禄山、史思明,发动了著名的"安史之乱"。

高牙:高大的牙旗。牙旗即将旗。

[释文] 开元年间的盛世之景;安史军队的高大牙旗。

[背景] 开元年间,天下大治,经济勃兴,人口增长,百姓安乐,文治武功皆达封建社会之顶峰,大唐进入全盛(史称"开元盛世")。李隆基与杨玉环在盛世年间缠绵悱恻、凄美婉转的爱情故事更为后世传唱至今。然全则必缺,物极必反。至天宝年间,国家承平日久,唐玄宗逐渐倦怠政务,丧失求治之心,任用奸相李林甫、杨国忠(杨玉环族兄),坐视地方藩镇崛起,威胁中央集权稳定。唐代地方藩镇权力极大,掌握辖区内的行政、军事、财政等大权,得以雄踞一方。公元755年,备受玄宗宠信,身兼范阳、平卢、河东三镇节度使的安禄山以诛讨杨国忠之名,悍然举兵反唐,"安史之乱"爆发。渔阳鼙鼓终于动地而来,唐玄宗的太平盛世被无情打破。安禄山之后,其旧部史思明降而复叛,终被镇压。"安史之乱"虽终被平息,但常年的战争使唐朝人口锐减、生产凋敝、藩镇割据,中央王朝的控制力急剧衰减,西域和北疆领土相继丢失,自"贞观之治"百余年来的旷世盛景一去不复返。自此李唐由盛而衰。

肃亨颠沛，子仪弹压。

[注释] 肃亨：唐肃宗李亨，玄宗三子，唐朝第八代皇帝。

子仪：郭子仪，大唐名将，平定"安史之乱"。

弹压：镇压。

[释文] 唐肃宗李亨困顿颠沛；名将郭子仪镇压叛乱。

[背景] "安史之乱"爆发后，唐玄宗以名将封常清、高仙芝御敌，但安禄山迅速攻克洛阳，封常清、高仙芝退守潼关（今陕西渭南），坚壁不出。唐玄宗轻信监军宦官谗言，以"失律丧师"之罪处斩封、高，又令名将哥舒翰赴潼关拒敌。安禄山自称雄武皇帝，国号大燕，定都洛阳，进逼潼关。镇守潼关的哥舒翰加固城防，与叛军僵持周旋。慌乱中的李隆基和杨国忠催逼哥舒翰出战，反致唐军全军覆没，哥舒翰被俘。潼关沦陷，长安门户洞开，唐玄宗和太子李亨仓皇逃离都城。玄宗行至马嵬驿（今陕西兴平），随行禁军因愤恨杨国忠乱政，遂发动兵变，诛斩杨国忠，逼杀杨贵妃。玄宗无奈西遁入蜀，李亨则一路颠沛转徙逃奔朔方军所辖的灵武（今宁夏灵武），并登基称帝，遥尊玄宗为太上皇。即位后的肃宗令朔方节度使郭子仪征讨平叛。郭子仪不负众望，终克复两京，平定"安史之乱"。名将郭子仪重振李唐，厥功至伟，史书誉其"再造王室，勋高一代"。

代豫锄孽，德适丧家。

[**注释**] 代豫：唐代宗李豫，李亨长子，唐朝第九代皇帝。

锄：铲除。

德适：唐德宗李适，李豫长子，唐朝第十代皇帝。

丧家：如丧家之犬，到处逃奔。

[**释文**] 唐代宗李豫铲除安史余孽；唐德宗李适如丧家之犬。

[**背景**] 公元757年，安禄山被儿子安庆绪所杀，安庆绪后被安禄山旧部史思明赐死，史思明又被儿子史朝义所杀，正所谓天理昭彰，报应不爽。公元762年，唐肃宗病逝，其子李豫即位后，命长子李适为天下兵马元帅，剪除安史余孽。公元763年，走投无路的史朝义在绝望中自杀，历时八年的"安史之乱"终被平定。繁华散尽，盛世如烟，昔时如日中天的大唐已是千疮百孔，拥兵自重的节度使在"安史之乱"后不再听从唐廷调遣。公元779年，唐德宗李适继位，试图削弱"安史之乱"以来尾大不掉的藩镇势力，却引起强烈的反弹。地方节度使朱滔称冀王、田悦称魏王、李纳称齐王、王武俊称赵王、朱泚称秦帝、李希烈称楚帝，"二帝四王之乱"爆发。叛军攻占长安，德宗惶惶如丧家之犬，匆忙逃奔奉天（今陕西乾县），后因朔方节度使李怀光联合朱泚反叛，又仓皇出逃梁州（今陕西汉中）。叛乱虽平，但唐德宗的削藩计划也以惨烈的方式宣告流产。

内宫权宦,外域嚣阀。

[**注释**] 内宫:皇宫之内。

外域:皇权统治以外的区域。

权宦:权势熏天的宦官。

嚣阀:气焰嚣张的军阀。

[**释文**] 皇宫之内有炙手可热的宦官擅权;地方之上有嚣张跋扈的军阀作乱。

[**背景**] 宦官专权和藩镇割据是唐朝中后期典型的政治特征。自唐肃宗开始,宦官干政已开先河,随着皇帝对武将的怀疑日益加深,宦官甚至可以代替武将掌握重兵。唐德宗时期,宦官统领皇家禁军,在一定程度上掌握了皇帝的人身自由,后期竟能威逼皇帝,擅行废立。自唐顺宗之后,除唐末帝外,皇帝皆为宦官拥立。唐末宦官之权势甚至超越东汉末年,成为中国古代宦官擅权的巅峰。与此同时,由于"安史之乱"对中央集权形成了严重破坏,部分地方藩镇在军政、财税、人事方面皆脱离中央政府的控制,实质上已成为半独立于中央的割据势力,时刻威胁着皇权。唐后五代十国政权林立,其本质正是藩镇割据之延续,又经七十年的兼并战争才统一于北宋。宦官乱政和藩镇割据两大问题自"安史之乱"后始终伴随唐朝,直至唐亡。

顺诵祚浅，宪纯政佳。

[**注释**] 顺诵：唐顺宗李诵，李适长子，唐朝第十一代皇帝。

宪纯：唐宪宗李纯，李诵长子，唐朝第十二代皇帝。

[**释文**] 唐顺宗李诵享祚短暂；唐宪宗李纯政绩斐然。

[**背景**] 公元805年，唐顺宗李诵即位。李诵深刻意识到宦官擅权和藩镇割据对国家的危害，遂起用王叔文、王伾、刘禹锡、柳宗元等人改革弊政，以加强中央集权，削弱藩镇势力和宦官权力，史称"永贞革新"。因改革触动了宦官集团和地方藩镇的利益，宦官首领俱文珍发动政变，逼迫顺宗禅位于太子李纯，放逐革新人士（即"二王八司马"）。顺宗曾为太子二十五年，却在位仅半年，其推行的"永贞革新"与其政治生命均是过眼云烟。唐宪宗李纯是一位奋发有为的明君，重用主张裁撤藩镇势力的朝臣李吉甫、武元衡、裴度，平定西川节度使刘辟、招降魏博节度使田弘正、生擒淮西节度使吴元济、斩杀淄青节度使李师道，使地方上蠢蠢欲动的藩镇势力望风归顺。为时六十年藩镇割据的局面暂告结束，唐朝基本恢复了对地方的管辖，取得了"安史之乱"以来最伟大的成就（史称"元和中兴"）。刘禹锡遂有"忽惊元和十二载，重见天宝承平时"的感慨。

穆恒顽昧，敬湛游暇。

[注释] 穆恒：唐穆宗李恒，李纯三子，唐朝第十三代皇帝。

顽昧：愚顽昏聩。

敬湛：唐敬宗李湛，李恒长子，唐朝第十四代皇帝。

游暇：玩乐悠闲。

[释文] 唐穆宗李恒愚顽昏聩；唐敬宗李湛快意优游。

[背景] 天下甫定，唐宪宗逐渐骄侈，罢黜名相裴度，政事日衰。晚年的李纯崇仙敬佛，遣宦官奉迎佛骨。刑部侍郎韩愈上《谏迎佛骨表》，劝谏宪宗不应佞佛，险被宪宗所杀，幸有裴度劝说方才贬为潮州刺史。公元820年，李纯被宦官梁守谦、王守澄等毒杀，其子李恒被拥立为帝。宪宗尸骨未寒，李恒便携随从狩猎游玩，又在宫中大摆酒宴。穆宗的昏聩使得河朔三镇复叛朝廷，葬送了"元和中兴"的大好局面，藩镇割据死灰复燃。四年后，李恒病死，其子李湛继承了其耽于享乐的作风，甚至有过之而无不及。李湛一月上朝不过两三次，却沉迷于打马球，又喜欢深夜捕捉狐狸，称"打夜狐"。朝中有识之士上书劝谏，敬宗依然如故。公元827年，在一次"打夜狐"归来后，宦官刘克明弑唐敬宗，矫诏拥立绛王李悟。宦官梁守谦、王守澄与宰相裴度拥立定江王李昂继位，指挥神策军击杀刘克明和李悟。

文昂幽禁，武炎擢拔。

[**注释**] 文昂：唐文宗李昂，李恒次子，唐朝第十五代皇帝。

武炎：唐武宗李炎，李恒五子，唐朝第十六代皇帝。

擢拔：提拔。

[**释文**] 唐文宗李昂幽禁至死；唐武宗李炎擢拔贤能。

[**背景**] 文宗时期，地方有藩镇割据，宫中有宦官专权，而朝堂之上出现了愈演愈烈的朋党之争。以牛僧孺为领袖的牛党与以李德裕为领袖的李党展开了长期的党同伐异（史称"牛李党争"）。"牛李党争"前后持续近四十年，加剧了唐朝后期的统治危机，以至于唐文宗曾有"去河北贼易，去朝廷朋党难"的感慨。唐文宗一心想铲除宦官势力，夺回皇权，遂利用宦官集团的内部矛盾，提拔王守澄部下仇士良，逼王守澄自尽。公元835年，唐文宗以观甘露为名，欲诱杀仇士良及其宦官党羽。但李昂的计划被仇士良察觉，仇士良遁走，挟持李昂，令禁军扑杀朝廷要员，株连者千余，史称"甘露之变"。"甘露之变"后，文宗遭到宦官幽禁，宦官则更加牢固地把控军政大权，得以"迫胁天子，下视宰相，凌暴朝士如草芥"。李昂郁郁而死，仇士良立李炎为帝，是为唐武宗。武宗知人善任，擢拔李德裕为宰相，改革国政，打压仇士良。仇士良甚恐，欲鼓动禁军哗变，铲除李德裕，但被唐武宗化解。李德裕击退回鹘，罢斥冗吏，下令毁寺灭佛，扩大政府税源。李唐后期出现"会昌中兴"。

宣忱得道，懿漼失察。

[注释] 宣忱：唐宣宗李忱，唐宪宗李纯十三子，唐朝第十七代皇帝。

懿漼：唐懿宗李漼，李忱长子，唐朝第十八代皇帝。

[释文] 唐宣宗李忱治国有道；唐懿宗李漼用人失察。

[背景] 李忱是敬宗、文宗、武宗的叔父，为人沉默寡言。文宗、武宗常在宴饮集会之时逗弄其讲话，以此为乐。公元846年，武宗病死，宦官认为木讷的李忱容易控制，遂拥其为帝，是为唐宣宗。但即位后的李忱风格大变，竟成晚唐一代明君。宣宗仰慕先祖唐太宗，常研读《贞观政要》，并身体力行地效仿太宗治国之道。宣宗从谏如流，整肃朝纲，体恤百姓，收复失地，唐朝国势逐渐恢复，史称"大中之治"。至唐亡，百姓仍感念宣宗之德，誉其为"小太宗"。公元848年，西北孤忠张议潮在沙州（今河西走廊西部）发动起义，为唐廷收复河煌十一州，"安史之乱"后沦陷百年的河西之地重归唐朝。李忱感慨道："朕竟宪宗遗志，足以告慰父皇在天之灵。"公元859年，宣宗驾崩，其子李漼继位，而李漼的治国能力比其父差之千里。李漼前后任用宰相二十一人，却多是庸碌无能、尸位素餐之徒，李漼对此却不以为意，任由朝政腐坏堕落。宣宗的"大中之治"使晚唐一度残灯复明，而懿宗之后，暮气沉沉的王朝已不可避免地进入生命倒计时。

僖儇遁蜀，黄巢赋花。

[注释] 僖儇：唐僖宗李儇，唐懿宗李漼五子，唐朝第十九代皇帝。

黄巢：唐末农民起义军领袖，曾攻破长安，建国称帝。

[释文] 唐僖宗李儇逃遁巴蜀；落第后的黄巢赋菊明志。

[背景] 懿宗死后，宦官田令孜拥年少的李儇为帝，尽掌唐朝军政大权。时唐朝政局已乱，民心思动。出身盐贩家庭的黄巢在几次科举考试后名落孙山，愤而写下了《不第后赋菊》，借菊花抒写胸中抱负，彰显了对朝政腐败的愤懑和对李唐王朝的仇视。诗云："待到秋来九月八，我花开后百花杀。冲天香阵透长安，满城尽带黄金甲。"公元878年，黄巢揭竿而起，转战唐朝多地（史称"黄巢起义"）。正在国家危难之时，田令孜与唐僖宗举办了一场荒谬的马球比赛：神策军将领陈敬瑄、杨师立、牛勖和罗元杲四人比赛马球，进第一球者可赴三川中最富饶的西川为节度使（史称"击球赌三川"）。黄巢起义军士气高涨，沿着当年安禄山的足迹连克洛阳、潼关，而僖宗则效法祖辈李隆基逃奔蜀地。时人讽刺道："马嵬烟柳正依依，重见銮舆幸蜀归。泉下阿蛮（李隆基）应有语，这回休更冤杨妃。"公元881年，黄巢兵入长安，即皇帝位，国号大齐，尽诛李唐宗室，这一幕似乎与其《不第后赋菊》描绘的场景交相呼应。

晔柷轩殿，全忠府衙。

[注释] 晔：唐昭宗李晔，李漼七子，唐朝第二十代皇帝。

柷：李柷，李晔九子，唐朝末帝。

全忠：即朱温，曾被唐朝赐名"全忠"，唐末军阀。

[释文] 李晔、李柷于轩殿内噤若寒蝉；朱温在府衙中生杀予夺。

[背景] 黄巢称帝，天下兵马共讨之，其麾下将领朱温认为黄巢时日无多，遂变节降唐，唐僖宗认为朱温忠勇可嘉，赐名"全忠"。公元884年，在朱温、李克用等唐朝军阀的联合剿杀下，黄巢败亡。随后，神策军统领李茂贞护送唐僖宗返回长安。黄巢起义之后，唐朝丧失对江南地区的控制，财政枯竭，地方藩镇割据称雄，中央集权土崩瓦解。公元888年，唐昭宗李晔即位，受制于李茂贞。公元903年，朱温入关围困李茂贞，夺走唐昭宗，昭宗从此成为朱温的傀儡，对其唯命是从。朱温杀尽宦官，中唐以来的宦官势力被彻底铲除。次年，朱温挟持昭宗迁都洛阳，昭宗车驾入华州（今陕西渭南），民众夹道山呼万岁。昭宗泣涕道："勿呼万岁，朕不复为汝主矣！"不久，朱温使人砍杀昭宗，又立李柷为帝，军政皆由己出。公元905年，朱温将李柷的兄弟屠戮殆尽，又将唐朝最后的"衣冠清流"之臣全部投入黄河浊流（史称"白马之祸"）。唐帝彻底沦为孤家寡人，李唐名存实亡。

五代迭霸，一统摧塌。

[**注释**] 五代：指唐亡后在北方相继称霸的后梁、后唐、后晋、后汉、后周。

摧塌：倾覆，倒塌。

[**释文**] 北方五代迭霸中原；李唐一统彻底倾覆。

[**背景**] 公元907年，傀儡李柷禅位朱温，后者篡唐称帝，国号梁，定都开封。自此五代第一个政权——后梁建立，历时二百八十九年的李唐王朝灰飞烟灭。此后半个世纪，北方中原先后有后梁、后唐、后晋、后汉、后周五个朝代更迭，史称五代。五代作为中原政权雄踞北方，比其他割据势力（如十国等）疆域广阔、实力强大，但无力控制中国全部地区，仅是藩镇型的朝廷。中原王朝实力的削弱使周边少数民族政权，如草原的契丹和西北的定难军（西夏前身）乘机崛起，是为百年后宋辽夏三国鼎立之雏形。五代政权国祚短暂，长则如后梁十六年，短者如后汉仅三年，均亡于内乱或外患。纵观五代史，唯有后唐庄宗李存勖、后周世宗柴荣有机会再造中国一统，但二人或前明后暗，或英年而终，将这一历史使命交与了宋太祖赵匡胤。

克用骁勇，朱温奸黠。

[注释] 克用：后唐太祖李克用，沙陀人，唐末军阀。

　　朱温：后梁太祖朱温，篡唐建梁，后梁开国皇帝。

[释文] 李克用骁勇善战；朱温为人奸猾狡诈。

[背景] 李克用本为沙陀人，骁勇善战，曾带领沙陀军驱逐黄巢，克复长安，又联合朱温等平定黄巢起义，逐渐成为割据一方的军阀，被唐廷先后封为陇西郡王、河东节度使、晋王。朱温曾宴请李克用，席间发生龃龉，朱温恨之，遂于当晚在李克用住处纵火。李克用仓皇逃出，从此成为朱温在北方最大的仇敌。朱温篡唐后，废李柷为济阴王，囚禁之。次年，由于太原李克用、凤翔李茂贞、西川王建等仍奉李柷为天下共主，其存在使朱温深感不安，遂被杀害。在唐末乱局中，朱温先背叛黄巢，又篡夺唐室，连杀两帝，其阴险狡诈、反复无常，为人诟病。公元908年，临终前的李克用将三支箭交给长子李存勖，一支讨伐割据幽州（今属北京一带）的刘仁恭，一支征讨背信弃义的耶律阿保机，另一支便是消灭朱温。李存勖谨遵父命，终毕其遗愿。

珪贞亲灭，存勖威加。

[注释] 珪：朱友珪，朱温次子，后梁第二代皇帝。

贞：朱友贞，朱温三子，后梁末帝。

存勖：后唐庄宗李存勖，李克用长子，后唐开国皇帝。

[释文] 朱友珪、朱友贞弑父屠兄，灭亲自立；后唐庄宗李存勖威加海内，名震天下。

[背景] 李克用含恨而死，李存勖承袭其父河东节度使、晋王位，仍沿用唐朝年号。李存勖能征善战、智勇双全，成为威胁后梁的劲敌。朱温不禁慨叹："生子当如李亚子，李氏不亡矣！"公元912年，后梁太祖朱温欲传位给养子朱友文，并外放次子朱友珪为莱州刺史。朱友珪恐日后有杀身之祸，便抢先发动兵变弑父篡位。朱友珪用毛毡包裹朱温的尸首，埋在寝殿，并赐死朱友文。朱温三子朱友贞又发动政变诛杀朱友珪，于开封即位。公元923年，李存勖在魏州（今河北大名）称帝，沿用唐朝国号，史称后唐。同年，李存勖攻破后梁中都（今山东汶上），又取曹州（今山东菏泽），威胁梁都。大臣劝朱友贞西奔洛阳，朱友贞则坚守开封，在城破之际令属下将自己刺死，后梁亡。李存勖取代后梁成为北方霸主，并于公元924年吞并李茂贞、公元925年削平十国之一的前蜀，尽得中原、关中和两川之地，威加海内，名震天下，大有一统天下之势。此时的后唐也是五代十国时期疆域最广的朝代。

后梁太祖 朱温

嗣源兵噪，厚珂军哗。

[注释] 嗣源：后唐明宗李嗣源，李克用养子，后唐第二代皇帝。

厚：后唐闵帝李从厚，李嗣源三子，后唐第三代皇帝。

珂：李从珂，李嗣源养子，后唐末帝。

兵噪、军哗：军队哗变。

[释文] 后唐明宗李嗣源兵变夺位；李从厚、李从珂的军队相继哗变。

[背景] 李存勖喜爱唱戏，常与伶人逸乐，为自己取艺名"李天下"。功成名就后的后唐庄宗为确保政权稳固，诛戮功臣、崇信伶人，允许伶人随意进出宫禁，甚至任命伶人为州郡刺史。李嗣源作为李克用养子，曾屡有功勋，亦受庄宗猜忌。公元926年，李存勖派李嗣源赴贝州（今河北清河）平叛，李嗣源反被部下劫持，拥立为帝。百口难辩的李嗣源在女婿石敬瑭的劝说下索性拥兵自立，占据汴州（今河南开封），进逼洛阳。李存勖决定亲征李嗣源，而担任指挥使的伶人郭从谦突然在兴教门叛变，李存勖亲率宿卫应战，身中流矢而死（史称"兴教门之变"）。伶人将乐器覆盖在李存勖身上，付之一炬。北宋欧阳修以庄宗的兴亡为鉴，在《伶官传序》中发出"忧劳可以兴国，逸豫可以亡身"的感慨。李嗣源遂入洛阳称帝，是为后唐明宗。明宗施政宽仁，注重民生，亦不失为一代明君。公元933年，明宗死，三子李从厚即位。明宗养子李从珂素为李从厚忌惮，便以清君侧的名义举兵反叛，推翻李从厚，登基称帝。李从厚仓皇出逃，被石敬瑭所擒并献于李从珂。

敬瑭献土，重贵抗鞑。

[注释] 敬瑭：后晋高祖石敬瑭，沙陀人，后唐明宗李嗣源之婿，后晋开国皇帝。

重贵：后晋出帝石重贵，石敬瑭养子，后晋末帝。

鞑：中原对北方少数民族的统称，这里指北方的契丹。

[释文] 后晋高祖石敬瑭向契丹割地献土；后晋出帝石重贵抗击耶律南犯。

[背景] 称帝后的李从珂与石敬瑭又起嫌隙，石敬瑭素有反意，指责李从珂得位不正，举兵讨之，被李从珂困于太原。石敬瑭向契丹求援，条件是割让幽云十六州（今属北京、天津、河北北部、山西北部一带），并认比自己小十余岁的契丹皇帝耶律德光为父。亲信刘知远虽反对，但石敬瑭一意孤行，并为此举背负了千古骂名。幽云十六州自此落入北方少数民族之手，周世宗、宋太宗皆有恢复之意而未能如愿，经辽、金、元三朝四百年后，方由明太祖朱元璋夺回。公元 936 年，耶律德光册立石敬瑭为皇帝，国号晋，史称后晋。同年，儿皇帝的孝心得到回报——在后晋与契丹的交攻下，走投无路的李从珂自焚而死，后唐亡。自秦始皇传至五代逾千年的传国玉玺亦不知所踪，成为中国历史上最大的谜团之一。石敬瑭死后，其养子石重贵即位，但拒绝向契丹称臣。契丹主耶律德光遂南下讨晋。经过数年的抵抗，石重贵终无力抵挡契丹人的兵锋，于公元 947 年投降契丹，后晋亡。石重贵被封为负义侯，此后被软禁于契丹二十余年，直至老去。后晋兴也耶律，亡也耶律。

知远伺取，承祐贸杀。

[**注释**] 知远：后汉高祖刘知远，沙陀人，后汉开国皇帝。

承祐：后汉隐帝刘承祐，刘知远之子，后汉末代皇帝。

[**释文**] 后汉高祖刘知远伺机取得中原；后汉隐帝刘承祐贸然杀戮臣僚。

[**背景**] 刘知远为石敬瑭的心腹将领，任河东节度使。契丹南下讨伐石重贵时，刘知远阳奉阴违，暗中积蓄力量，有代晋自立之意。耶律德光在后晋都城开封称帝，国号大辽，但因不得人心而被赶回关外。刘知远趁机重掌后晋故地，于公元947年称帝建国，国号汉，史称后汉。次年，刘知远病故，传位年少的刘承祐，以史弘肇、王章、郭威、杨邠等人为托孤大臣。杨邠和史弘肇在皇帝刘承祐面前议政时公然阻止皇帝插嘴，刘承祐深感威严尽失、大权旁落，又听信谗言，遂将杨邠、史弘肇、王章三人及其家属诛杀。隐帝又密诏派人前去魏州（今河北大名）除掉领军在外的郭威，不料领诏之人倒戈。郭威见此，即伪造诏书宣称刘承祐令其诛杀诸将，待群情激愤时宣布起兵，以清君侧。刘承祐知郭威已反，遂将留在都城的郭威全家满门抄斩。公元950年，郭威攻入开封，刘承祐死于逃亡途中。

郭威尚俭,柴荣明罚。

[注释] 郭威:后周太祖郭威,后周开国皇帝。

柴荣:后周世宗柴荣,后周第二代皇帝。

明罚:严明赏罚。

[释文] 后周太祖郭威崇尚勤俭;后周世宗柴荣严明赏罚。

[背景] 郭威带兵觐见后汉太后,假意拥立后汉宗室、刘崇之子刘赟为帝。刘赟还未登基,郭威便授意属下谎报契丹南犯,遂奉太后旨意领兵出城。行至澶州(今河南濮阳),郭威麾下将士兵变,以黄旗加于其身,拥其为帝。郭威于是返回开封,逼迫太后,夺得国政,囚禁刘赟。这一全程为随军将领赵匡胤所见,竟在十年后照猫画虎。公元951年,郭威登基称帝,国号周,史称后周,后汉亡。郭威出身寒微,深知百姓疾苦,故减轻税负,厉行节俭,生活朴素。郭威禁止地方进贡奇珍异宝,又令人将宫中奢华的物品打碎。因子嗣尽为刘承祐诛杀,郭威传位养子柴荣。弥留之际,郭威嘱托柴荣丧事从简,只需纸衣瓦棺下葬。陵寝不需守陵之人,不用石人石兽,只立一石,上镌"大周天子临晏驾与嗣帝约,缘平生好俭素,只令著瓦棺纸衣葬。若违此言,阴灵不相助"。柴荣即位后,整肃吏治,治军严整,赏罚分明。在太祖、世宗两代经营下,后周军政焕然一新。

丰功犹在，壮志惜煞。

[**注释**] 煞：停止。

[**释文**] 丰功伟绩犹存青史；壮志豪情遗憾息止。

[**背景**] 柴荣励精图治，有并吞天下、荡平诸侯的壮志。他曾计划"十年开拓天下，十年养百姓，十年致太平"，以求早日九州一统，物阜民丰。公元955年，为充实税源、增加劳力，继北魏太武帝拓跋焘、北周武帝宇文邕、唐武宗李炎之后，周世宗柴荣再一次掀起了大规模的灭佛运动。柴荣当政期间，攻伐后蜀，尽收秦、凤、成、阶四州；三征南唐，逼得南唐李璟自去帝号，只称国主；又北伐契丹，连克三关三州，辽国震动。然天不假年，在收复幽云之际，柴荣竟猝然长逝，年仅三十九岁。柴荣被誉为"五代第一明君"，若非英年早逝，结束五代十国乱局者必属后周。在病逝前，柴荣解除了后周开国功臣张永德殿前都点检之职，转而以赵匡胤接任。而这一鬼使神差的调动直接改写了历史的走向。

师还将返，母惧儿怛。

[注释] 师：军队。

将：将领，这里指后周殿前都点检赵匡胤。

母：后周符太后，柴荣皇后，柴宗训的养母。

儿：指后周恭帝柴宗训，柴荣四子，后周末帝。

怛：畏惧，害怕。

[释文] 军队和将领自陈桥驿折返；符太后和柴宗训惶恐不安。

[背景] 柴荣驾崩，年仅七岁的柴宗训即位，符太后垂帘听政。公元960年，后周忽闻辽国和北汉联兵犯境，柴宗训派殿前都点检赵匡胤率军迎敌。赵匡胤领兵来到距都城开封二十里的陈桥驿，就地扎营。当晚，赵匡胤步当年郭威后尘，使人在军中煽动将士情绪，并授意亲信将早已准备好的黄袍强行披在自己身上。众将士拜于庭下，山呼万岁，拥立赵匡胤为皇帝。赵匡胤则故作姿态地勉强接受，领兵折返开封逼宫。孤儿寡母惊慌失措，但无可奈何，只能下诏宣布禅位于赵匡胤，后周亡。这一历史事件就是著名的"陈桥兵变"和"黄袍加身"。赵匡胤称帝建国，国号宋。至此，五代结束，中国历史进入两宋时期。历史何其相似：北周、后周均因一代明主而国富兵强，但在即将结束乱世之际，周武帝、周世宗均壮年而逝，其后继者无法驾驭国家，政治遗产遂为权臣篡夺，并由隋文帝、宋太祖完成了统一的临门一脚。历史的教训如此昭彰，以致赵宋之后的封建王朝几乎再无权臣篡位者。

十国两宋

十国两宋

强藩桀骜,残唐飘摇。封疆僭号,裂土分茅。审知闽启,同室戈操。
翰钧反目,羲政扬镳。马殷始楚,众驹争槽。密渥吴作,演溥权凋。
南唐重教,李昪轻徭。璟平闽楚,煜咏春宵。建衍奢侈,祥昶逍遥。
前蜀庄剿,后蜀赵消。镠开吴越,瓘燃江桡。佐倧忌扈,钱俶归朝。
季兴婪索,从诲诈邀。融勖奉贡,继冲降钌。南汉依海,北汉傍辽。
袭玢嗜戮,晟铢夷胞。旻钧困厄,恩元乞饶。终归炎宋,遥起黄袍。
匡胤南扫,光义北鏖。幽云讨虏,澶渊射萧。真恒契睦,仁祯夏骄。
英曙濮议,神顼青苗。哲煦果锐,徽佶轻佻。钦桓北辱,康王南逃。
精忠陨首,谬丑折腰。高构惶窘,孝昚劬劳。光惇内禅,宁扩外交。
理昀罪己,度禥耽娇。仍逢恭㬎,敢忆陈桥。端昰蹈海,怀昺没涛。

强藩桀骜,残唐飘摇。

[**注释**] 强藩:强大的藩镇。

桀骜:桀骜不驯,难以顺从。

[**释文**] 强大的藩镇难以被中央控制;残败的唐朝处于风雨飘摇之中。

[**背景**] 藩镇割据是唐朝"安史之乱"以来的痼疾。晚唐时期,随着政治腐败、财政空虚和农民起义的冲击,国家完全丧失对地方藩镇的控制。内有奸佞,外有骄兵,唐朝只得在风雨飘摇中坐视藩镇崛起,直至被其取代。虽然朱温篡唐意味着唐帝国的终结,但五代十国作为唐末藩镇的延续又经七十年干戈方告终止。

封疆僭号，裂土分茅。

[注释] 封疆：划封统治的疆界。

僭号：擅用超越本分的名号。

裂土分茅：即分封土地。

[释文] 各地方节度使裂土分疆，割据称雄，僭号为王。

[背景] 唐末割据的藩镇有北方的朱温、李克用、刘仁恭、李茂贞等；有南方的王建、杨行密、钱镠、马殷、王审知和刘隐等。这些节度使纷纷趁乱割据称雄，有的甚至僭号称帝。除五代外，军阀们也先后建立其他若干割据政权，如杨吴、闽国、马楚、吴越、前蜀、后蜀、南唐、南汉、荆南、北汉，史称十国。十国基本位于中国南方，与同一时期北方的五代遥相呼应。

审知闽启,同室戈操。

[**注释**] 审知:闽太祖王审知,闽国开国君主。

闽:闽国,十国之一,疆域基本覆盖今福建地区。

[**释文**] 王审知开创闽国,而其死后政权内部同室操戈。

[**背景**] 王审知与其兄王潮投靠唐末义军首领王绪,随部队辗转进入闽地。王绪为人多疑,常在军中滥杀将领。王潮与王审知便策动王绪属下,将其囚禁。不久王绪自杀,众人拥戴王潮为首领。公元886年,义军攻克泉州,杀泉州刺史。唐廷接受既成事实,命王潮接管泉州。公元893年,王潮攻克福州,逐渐占领福建全境,唐昭宗任王潮为福建观察使。两年后,病重的王潮舍弃诸子而将军政大权交与其弟王审知,王审知被唐朝册封为威武军节度使。朱温篡唐后,于公元909年封王审知为闽王,闽国建立。闽国奉后梁正朔,向其朝贡称臣。后唐灭梁,闽国又称藩于后唐。王审知主政福建三十年,未对外邦用兵,亦未受外邦侵侮,使统辖地区"一境晏然"。有人曾劝其称帝,而王审知答曰:"宁为开门节度,不作闭门天子。"王审知死后,闽国祸起萧墙,骨肉相残。

翰钧反目，羲政扬镳。

[注释] 翰：王延翰，王审知长子。

钧：王延钧，王审知次子。

羲：王延羲，王审知之子。

政：王延政，王审知之子。

[释文] 王延翰、王延钧反目成仇；王延羲、王延政分道扬镳。

[背景] 公元925年，王审知长子王延翰继位。王延翰与其弟王延钧素有不和，便令王延钧出任泉州刺史。王延钧不满，遂与王延禀密谋杀害王延翰自立。王延钧继位后又击败叛变的王延禀，于公元933年称帝，国号闽，定都福州。王延钧治国无道，不得民心，被其子王继鹏所弑。王继鹏继位后，因皇宫失火而怀疑朱文进、连重遇，两人在忧惧中孤注一掷，拥立王延羲，擒杀王继鹏。王延羲继位后，为政残暴，其弟王延政多次劝谏未果，遂与王延羲分道扬镳，在自己的属地建国称帝，国号大殷。殷国仅有五县，王延政也被称为"五县天子"。公元944年，朱文进、连重遇又发动政变，刺杀王延羲，并屠尽福州的王氏宗亲，自称闽王。王延政举兵讨伐朱、连，将其剿灭，收复闽国故土，复国号闽。但此时的闽国在内耗中已是强弩之末。公元945年，南唐中主李璟攻闽，在建州（今福建建瓯）大败闽军，生擒王延政，闽国灭亡。

马殷始楚,众驹争槽。

[注释] 马殷:楚国开国之君。

楚:楚国,十国之一,位于今湖南地区。又称马楚、南楚。

众驹争槽:一众马驹争抢食槽。马殷死后,其子因争夺政权而爆发楚国内乱,史称"众驹争槽"。

[释文] 马殷始创楚国,死后众子争抢王位。

[背景] 马殷原为木匠,后投身军旅,在唐末混战中成长为割据一方的将领,得以统治湖南全境。公元907年,朱温封马殷为楚王,楚国建立。后唐灭梁,马殷令其子马希范入京朝贡,奉其正朔。公元930年,马殷临终前遗命诸子以兄终弟及的方式接替王位,却最终引发楚国内乱。长子马希声在位两年即病逝,次子马希范嗣位。十五年后,马希范病逝,朝臣在一片争议中拥立马希广。担任朗州(今湖南常德)节度使的马希萼起兵攻取楚都长沙,推翻马希广,自立为楚王。而马希崇又起兵生擒马希萼,将其押往衡阳囚禁,但看押马希萼的将领又叛变拥立马希萼。楚国内乱,南唐乘虚而入,于公元951年灭楚。马殷诸子这段争夺王位的战争被称为"众驹争槽"。南唐灭楚后,马殷旧部刘言驱逐唐军,统治湖南。刘言不久为部下所杀,又经过一番厮杀,湖南终为周行逢占据。周行逢死,其子周保全继位,于公元963年降于北宋。

密渥吴作，演溥权凋。

[注释] 密：杨行密，杨吴开国之君。

渥：杨渥，杨行密长子，被大臣徐温所弑。

吴：吴国，十国之一，位于今江西、安徽、江苏地区。史称南吴、杨吴。

作：兴，起。

演：杨隆演，杨行密次子，为权臣徐温所立。

溥：杨溥，杨行密四子，为权臣徐温所立，禅位于徐知诰。

[释文] 杨行密、杨渥始作杨吴；杨隆演、杨溥王权凋丧。

[背景] 杨行密于唐末起兵于庐州，后逐渐发展壮大，与江浙地区的钱镠时战时和。公元897年，朱温南讨杨行密，企图平定淮南，但被杨行密遏制，杨氏得以割据淮南，也间接促成了南方割据势力与北方五代政权并存的局面。公元902年，唐朝封杨行密为吴王，吴国建立。吴国最强盛时，曾拥有今江苏、安徽、江西之地，为十国前期南方最强大的政权之一。杨行密攻打濠州时曾收养一流浪孤儿，但不为杨行密诸子相容，遂送与大臣徐温。徐温将其视如己出，取名徐知诰。公元905年，杨行密死，其子杨渥继位。杨渥荒淫残暴，被徐温、张颢政变推翻后杀死。徐温、张颢遂立杨隆演为吴王。不久徐温袭杀张颢，独掌杨吴大权。杨隆演身为傀儡，郁郁而终，徐温又立杨隆演弟杨溥为吴王。徐温诸子中，养子徐知诰最有才干。公元927年，徐温去世，徐知诰将徐温亲子徐知询扣押，褫夺徐氏兵权，于是专擅杨吴军政。

南唐重教，李昪轻徭。

[**注释**] 南唐：十国之一，由徐知诰（李昪）创建。

　　李昪：徐知诰称帝后恢复李姓，改名李昪。

[**释文**] 南唐注重文治教化；李昪减轻徭役赋税。

[**背景**] 公元937年，徐知诰逼杨溥禅让，改国号大齐，吴国灭亡。两年后，徐知诰恢复李姓，改名李昪，自称乃唐宪宗之子李恪的四世孙，改国号为唐，史称南唐。南唐注重文治教化，倡导文学艺术，从南唐中主李璟、后主李煜的文化造诣便可管窥南唐文治之盛。而南唐文化的高度发达也离不开李昪轻徭薄赋、息兵安民的仁政。公元941年，邻国吴越遭灾，南唐群臣劝谏李昪趁机出兵攻灭吴越。出身微贱的李昪同情百姓疾苦，不仅拒绝了出兵吴越的提议，还遣使携带礼物慰问吴越君臣百姓，使两国化干戈为玉帛。李昪称帝之后，曾借后晋安州节度使投降南唐之机与后晋爆发战争，但被石敬瑭击败。李昪深知成就大业不易，也再无北上争锋之志。吏部尚书冯延巳私下讥讽李昪道："初有复唐之志，后知天下事难为，如此田舍翁安能成大事！"公元943年，李昪因服食丹药而死，太子李璟继位，是为南唐中主。

璟平闽楚，煜咏春宵。

[注释] 璟：南唐中主李璟，李昪长子。

煜：南唐后主李煜，李璟六子。

[释文] 李璟荡平闽楚两国；李煜歌咏秋月春花。

[背景] 李璟一改父亲李昪保境安民的政策，开始大规模对外用兵。李璟趁王延羲、王延政内讧和朱文进、连重遇弑君，消灭闽国，又乘马氏"众驹争槽"之机吞并楚国。南唐占据江南大部分地区，似有统一江表之势。可惜李璟遭遇了"五代第一明君"柴荣。公元955年开始，后周世宗三征南唐，攻克楚州（今江苏淮安）、扬州。李璟遣使求和，被迫进献四州之地，划江为界，淮南江北之地尽归后周。李璟自去帝号，迁都南昌。公元961年，李璟六子即位，此便是一代词宗——南唐后主李煜。李煜的词突破了以温庭筠、韦庄、冯延巳为代表的"花间词"艳科之传统，由抒发一己之情怀推演到万古之性情，由字句的精雕细琢拓展到境界的清丽高远，将华丽的骨肉赋予深邃的灵魂，开启了光照千秋的两宋词坛。王国维称"词至李后主而境界始大，感慨遂深，遂变伶工之词而为士大夫之词"。李煜以其极高的文学造诣将春花秋月、兴衰荣辱进行艺术凝练，形成一首首旷世之作，今人读之无不为其流光溢彩而叹服，也无不为李后主的生平遭际而唏嘘。公元975年，李煜战败降宋，南唐亡。

建衍奢侈，祥昶逍遥。

[注释] 建：王建，前蜀开国皇帝。

衍：王衍，王建十一子，前蜀末帝。

祥：孟知祥，后蜀开国皇帝。

昶：孟昶，孟知祥三子，后蜀末帝。

[释文] 王建、王衍奢华豪侈；孟知祥、孟昶自在逍遥。

[背景] 黄巢起义时，唐僖宗西遁入蜀，王建追随唐廷进入西川，被田令孜收为义子。后田令孜失势，田氏遂投奔成都的西川节度使陈敬瑄。公元891年，王建攻克成都，囚禁田令孜、陈敬瑄，夺取西川。六年后，王建又夺取东川，成为唐末盘踞在蜀地的割据政权。朱温篡唐后，王建不承认朱温为正统，亦于公元907年称帝，国号蜀，史称前蜀。王建统治前期政治清明、百姓安居，其统治后期逐渐向人民课以重税。王衍即位后，荒淫无道、奢侈淫靡，前蜀迅速衰亡。李存勖灭前蜀，以孟知祥为成都尹、剑南西川节度使，掌管蜀地。李存勖死于"兴教门之变"后，孟知祥逐渐脱离后唐统治，屡拒朝廷诏命。公元930年，后唐明宗李嗣源下诏褫夺孟知祥官爵，以石敬瑭征讨西川，被孟知祥击退。李嗣源死后，孟知祥于公元934年自立为帝，国号蜀，史称后蜀。同年孟知祥病亡，其子孟昶即位。此时中原恰逢改朝换代的多事之秋，北方王朝无力侵扰后蜀，孟昶竟自在逍遥地做了三十余年太平天子，直到宋军兵临城下。

南唐后主 李煜

前蜀庄剿，后蜀赵消。

[**注释**] 前蜀：王氏所建的前蜀，十国之一。

庄：后唐庄宗李存勖。

后蜀：孟氏所建的后蜀，十国之一。

赵：宋太祖赵匡胤。

[**释文**] 前蜀被后唐庄宗李存勖剿灭；后蜀消亡于宋太祖赵匡胤之手。

[**背景**] 公元925年，后唐国力正盛，李存勖发兵攻打前蜀，蜀地望风款附，将官弃城。王衍自以为蜀道险阻，可拒后唐军，直到成都被围，王衍方知大事去矣，遂降后唐。前蜀翰林学士李昊为王衍撰写降书，前蜀亡。时过境迁，四十年后的公元965年，再次包围成都的军队已由后唐军变成宋军，而献城出降者由前蜀王衍变为后蜀孟昶，唯一不变者竟是为孟昶撰写降书之人依然为李昊。此时的李昊已在蜀地任职五十年，官拜后蜀宰相，时人讥笑其"世修降表"。孟昶为百姓所爱戴，其投降北宋被押往汴梁的途中，蜀地数万百姓为孟昶沿江送行，哭声恸绝，感人至深。孟昶亦掩面而泣。

镠开吴越，瓘燃江桡。

[注释] 镠：钱镠，吴越国开国之君。

吴越：吴越国，十国之一。

瓘：钱元瓘，钱镠七子，吴越国第二任国君。

江桡：江上的船筏。

[释文] 钱镠在干戈扰攘中开创吴越国；钱元瓘点燃江上的船筏以应敌。

[背景] 唐末之际，钱镠投奔江浙地方豪强董昌，打退进犯临安（今浙江杭州）的黄巢起义军，攻入刘汉宏割据的越州（今浙江绍兴），进而又占据浙西地区。公元895年，董昌在越州自立为帝，建大越罗平国。唐廷削夺董昌官爵，以钱镠为浙江东道招讨使讨伐董昌。董昌求援于杨行密，终被钱镠所擒。钱镠接受唐廷镇东军节度使之官职，成为割据两浙地区（今属浙江省一带）的军阀。朱温篡唐后，于公元907年册封钱镠为吴越王。钱镠始终奉中原王朝为正朔，在五代十国干戈扰攘的背景下，能够守土一方，保境安民，为后世称赞。公元932年，吴越王钱镠八旬而终，其七子钱元瓘继承王位。钱元瓘早年跟随钱镠征战有功，曾与吴国水战时，点燃江上的船筏打掩护，白昼如雾，使吴军迷失方向，吴越军得以大破吴军，迫使吴国与吴越国讲和。

佐倧忌扈，钱俶归朝。

[注释] 佐：钱佐，钱元瓘六子，吴越国第三任国君。

倧：钱倧，钱元瓘七子，吴越国第四任国君。

扈：跋扈的权臣。

钱俶：钱元瓘九子，吴越国末代国君。

归朝：纳土归朝。

[释文] 钱佐、钱倧忌惮跋扈的权臣；钱俶顺应时势纳土归宋。

[背景] 钱元瓘病逝，其子钱佐即位。时钱佐尚幼，而下属骄纵，钱佐深忌之，遂设计先后诛杀杜昭达、阚璠、程昭悦等权臣。公元947年，钱佐英年而终，传位其弟钱倧。而内牙统军使胡进思倚仗迎立钱倧有功，更是嚣张跋扈，目无君上。钱倧恶之，欲诛杀胡进思却犹豫不决。胡进思得知此事后，先声夺人，软禁钱倧，并称钱倧突发中风，传位于其弟钱俶。钱俶治理吴越国三十年，政绩斐然。公元974年，赵匡胤讨伐南唐，钱俶拒绝李煜的求援，出兵助宋灭南唐。公元978年，南方其余政权已全部被北宋平定。钱俶审时度势，知天下归一之大势已无法逆转，遂根据钱镠"如遇真主宜速归附"的遗训，主动上书将吴越国所辖十三州全部献归北宋。钱俶的纳土归朝是五代十国中唯一一次，也是中国历史上鲜有的"不战而屈人之兵"实现的和平统一，使江南河山与吴越百姓免于兵燹。

季兴婪索，从诲诈邀。

[注释] 季兴：高季兴，荆南开国国君。荆南又称南平、北楚，十国之一。

婪索：凭借权势索要财物。

从诲：高从诲，高季兴长子，荆南第二代国君。

[释文] 高季兴截阻使者，婪取钱财；高从诲诈称邀留，截扣贡品。

[背景] 高季兴本为朱温的牙将，朱温称帝后被封为荆南节度使，占据长江中游一带。李存勖灭后梁，高季兴作为朱温旧将极力向李存勖表忠，不顾朝臣劝谏而亲自入朝觐见。李存勖未将高季兴扣留，果然纵虎归山。公元924年，李存勖封高季兴为南平王，故后世也称荆南为南平。李存勖灭前蜀后，命人将蜀地金帛顺江押往洛阳。但李存勖不久即死于"兴教门之变"，高季兴便截杀使者，将资财截留。荆南虽国土狭小，却是连接南北的交通要地。时南方诸国纷纷向中原王朝上表称臣，携带贡品的往来使节多借道于此。高季兴常借机诈邀使者加以款待，并扣留财物，直到他国修书谴责甚至发兵讨伐，才将掳掠的财务如数奉还，如此反复竟毫无愧色。高季兴死后，其子高从诲继位。高从诲子承父业，不仅夺人财货，更向五代十国的其他政权四处称臣，以图赏赐。高氏的无赖行径为各国所不齿，被称为"高无赖"。

融勖奉贡，继冲降钊。

[**注释**] 融：高保融，高从诲三子，荆南第三代国君。

勖：高保勖，高从诲十子，荆南第四代国君。

继冲：高继冲，高保融长子，荆南末代国君。

钊：慕容延钊，北宋名将。

[**释文**] 高保融、高保勖向宋廷称臣纳贡；高继冲投降慕容延钊。

[**背景**] 高从诲死后，其子高保融继位。高保融性情迂缓，无治国之能，国政委于其弟高保勖。高保融称臣于后周，并劝说南唐、后蜀也一并称臣。待赵匡胤建宋，高保勖更为畏惧，多次向北宋遣使纳贡。公元960年，高保融病逝，因其子高继冲尚幼，便遗命高保勖继位。高保勖登基后，向北宋奏报即位始末，赵匡胤封其为荆南节度使，荆南继续向北宋称臣奉贡。公元963年，临终前的高保勖将皇位交还给了高继冲。同年，宋太祖派慕容延钊出兵楚地，借道于荆南。宋军趁机占据荆南都城江陵，高继冲于是投降慕容延钊，荆南亡。荆南位置险要，地处四战之地，在五代十国中土最小、实力最弱，故国家始终以尊奉中原王朝、交好四周邻邦为外交原则，使其周旋于诸强之间长达半个多世纪。

南汉依海，北汉傍辽。

[注释] 南汉：十国之一，位于今广东、广西、海南地区。

北汉：十国之一，位于今山西省中北部，是十国中唯一的北方政权。

[释文] 南汉偏居一隅，依靠大海；北汉独据北方，倚傍辽国。

[背景] 唐朝末年，刘隐为封州（今广东封开）刺史，在群雄并起的乱世中逐步统一岭南，占据今两广地区，南临沧海，与楚王马殷多有攻伐。朱温篡唐后，封刘隐为南海王。刘隐死后，其弟刘岩继承基业，于公元917年登基称帝，国号大越，后改国号为汉，史称南汉。刘岩改名刘陟，又以白龙之祥瑞创汉字"䶮"，寓意"飞龙在天"，遂改名刘䶮。公元951年，郭威攻入后汉都城，后汉高祖刘知远之弟刘崇本欲南下讨郭，闻郭威迎立其子刘赟入京为帝，喜而罢兵。同年，郭威改朝换代，杀害尚未登基的刘赟，刘崇遂以所据州县称帝建国，国号仍为汉，史称北汉。北汉所辖之地仅为今山西中北部一隅，地狭民贫，无法与后周抗衡，便遣使通辽，奉辽帝为叔皇帝，以求庇护。在辽国的支持下，北汉得以延续二十余年。

龑玢嗜戮，晟鋹夷胞。

[注释] 龑：南汉高祖刘龑，南汉开国皇帝。

玢：南汉殇帝刘玢，刘龑三子，南汉第二代皇帝。

晟：南汉中宗刘晟，刘龑四子，南汉第三代皇帝。

鋹：南汉后主刘鋹，刘晟长子，南汉末帝。

[释文] 刘龑、刘玢喜好杀戮；刘晟、刘鋹残害同胞。

[背景] 刘龑性情严酷，热衷于炮烙、剐剔、截舌、灌鼻等酷刑，每见杀人，便喜不自胜，甚至垂涎不止。晚年的刘龑愈加狂妄，甚至鄙夷中原王朝，"见北人必自言世居咸秦，耻为南蛮王，呼中朝天子为洛州刺史"。公元942年，刘龑死，其子刘玢在为父服丧期间畅饮作乐。刘玢更加残暴酷虐，稍有不顺心便滥杀。因不满刘玢的猜忌，刘玢之弟刘晟发动政变杀刘玢自立。刘晟的凶残更甚于刘玢，在位期间杀死了所有在世的十五位手足兄弟，以致刘龑诸子唯刘晟独存。刘晟死后，其长子刘鋹即位，因宗室已诛杀殆尽，事事皆委任于宦官，甚至宫女也参决政务。不仅如此，刘鋹认为臣僚皆有妻子儿女，故无法尽忠于朝廷，因此只有自宫的臣子才有晋用的机会。刘鋹统治时期，宦官竟多达两万余人，高级军职如枢密使、骠骑大将军等竟全由宦官担任，可谓独一无二的"宦官王朝"。公元971年，宋军压境，刘鋹出降，南汉亡。刘鋹在南汉时，常以毒酒鸩杀臣下。投降宋朝后，太祖曾赐酒，刘鋹大哭，以为必死。宋太祖遂含笑而取酒饮下，刘鋹羞愧难当。

旻钧困厄，恩元乞饶。

[注释] 旻：北汉世祖刘旻，即刘崇，后汉高祖刘知远之弟，北汉开国皇帝。

钧：北汉睿宗刘钧，刘旻次子，北汉第二代皇帝。

恩：北汉景宗刘继恩，刘旻外孙、刘钧养子，北汉第三代皇帝。

元：北汉惠宗刘继元，刘旻外孙、刘钧养子，北汉末帝。

[释文] 刘旻、刘钧困厄于晋阳城中；刘继恩、刘继元乞降于北宋铁蹄。

[背景] 刘崇称帝后，改名刘旻。刘旻曾对属下说："我因不忍高祖功业沦丧、刘赟被害而不能屈从郭威，因此称帝一方，以复国恨家仇。但我又算是什么天子呢？"公元954年，刘旻趁郭威去世，联合辽国攻打后周，却被御驾亲征的柴荣击败。柴荣乘胜围攻北汉都城晋阳。刘旻困于晋阳，抑郁而死，传位其子刘钧。刘钧在位期间，虽对后周和北宋偶有袭扰，但始终困守河东一隅。刘钧死，其养子刘继恩继位。刘继恩憎恶司空郭无为擅权，欲杀之，反被其所杀。郭无为拥立刘继元为帝，继续依附辽国对抗北宋。公元979年，在南方平定后，宋太宗赵光义亲征北汉。在辽国援军被击退的情况下，刘继元走投无路，带领百官向宋太宗伏地请罪，北汉亡。作为十国中最后一个灭亡的政权，北汉的归顺也标志着五代十国政权割据的局面不复存在了。

宋太祖 趙匡胤

终归炎宋，遥起黄袍。

[注释] 炎宋：即宋朝。因宋属火德，故又称炎宋。

黄袍：指赵匡胤黄袍加身的典故。

[释文] 五代十国的分裂局面终归宋朝一统；这一切始于后周将领赵匡胤的黄袍加身。

[背景] 公元960年，后周殿前都点检赵匡胤黄袍加身，篡夺后周政权，北宋建立。凭借后周的军事基础，北宋实现了中原及江南地区的统一，为两宋的经济发展、文化勃兴奠定了基础。在"陈桥兵变"中，赵匡胤"严敕军士，勿令剽劫"，以至军队入城后秋毫无犯，几乎做到了"兵不血刃，市不易肆"，在没有宫门喋血、兵连祸结的情况下实现了王朝的和平更替。赵匡胤并未加害柴家孤儿寡母，甚至留有遗训："柴氏子孙有罪，不得加刑，纵犯谋逆，止于狱中赐尽，不得市曹刑戮，亦不得连坐支属。"有宋一朝，柴家子孙颇受厚待，比起动辄被株连族灭的前朝皇室，柴氏的结局堪称圆满。对于降宋的十国君主，如李煜、刘继元、钱俶、高继冲、刘𬬮等人，赵匡胤也未加杀戮。抛开创业立国的丰功伟绩，仅就其对待亡国之君的深仁厚泽，宋太祖就可在史籍中大书特书了。

匡胤南扫，光义北鏖。

[**注释**] 匡胤：宋太祖赵匡胤，北宋开国皇帝。

光义：宋太宗赵光义，赵匡胤之弟，北宋第二代皇帝。

鏖：鏖战。

[**释文**] 赵匡胤南扫群雄；赵光义讨伐北汉。

[**背景**] 宋太祖赵匡胤登基后，按照先南后北、先易后难的战略方针，先后平定荆南、后蜀、南汉、南唐等政权。为加强中央集权，避免武将谋篡而重蹈五代覆辙，赵匡胤"杯酒释兵权"，以高超的政治智慧和平解除了武将的军事威胁，取缔了自唐朝三百余年来的藩镇军事制度。重文轻武的国策贯穿宋朝始终，使宋朝免于武将跋扈、内部分崩，却导致王朝军事实力削弱，使宋朝成为中国古代主要王朝中疆域最小的朝代，甚至两度亡于北方少数民族。公元976年，宋太祖赵匡胤于"烛影斧声"中离奇去世，其弟赵光义在太祖之子赵德芳之前抢先登基，使本次皇位交接疑点重重，后世史家众说纷纭。即位后的宋太宗先迫使吴越王钱俶纳土归朝，又挥师北上，讨伐北汉。公元979年，十万宋军包围汉都晋阳，赵光义亲临城下巡视督战，终灭亡北汉，北宋统一战争至此结束。赵光义深感晋阳自古为帝王龙兴之地，恐不利于宋朝统治，遂下诏将这座千年古城彻底摧毁。

幽云讨虏，澶渊射萧。

[注释] 幽云：指石敬瑭割让给辽国的幽云十六州。

虏：古代中原王朝对北方少数民族的蔑称，这里指辽国。

澶渊：在今河南濮阳地区。

萧：萧挞凛，辽国名将。

[释文] 宋太宗赵光义在幽云亲征讨伐契丹；宋真宗赵恒在澶渊坐镇射杀萧挞凛。

[背景] 宋太宗降服北汉后，未经休整，乘灭北汉余威率军伐辽，企图夺回当年被石敬瑭割让的幽云故地。宋辽两军在高粱河（今北京城西北）展开决战，宋军被辽将耶律休哥包抄后方，赵光义腿部中箭，只得乘驴车仓皇遁逃（史称"高梁河之战"）。公元986年，赵光义重整旗鼓，以二十万大军兵分三路北上伐辽，再败于耶律休哥（史称"雍熙北伐"）。北宋收复幽云十六州的理想就此幻灭，并在军事上对辽转为守势。太宗死，其三子赵恒即位，是为宋真宗。公元1004年，辽国萧太后、圣宗耶律隆绪亲率二十万辽军南下伐宋，一路攻城略地，深入宋境，直逼澶州，威胁宋都汴梁。宋廷震动，真宗欲迁都南奔，被宰相寇准所阻，经其一番怂恿竟也御驾亲征。寇准请赵恒登临澶州北城门楼，宋军见圣驾临阵，欢呼雀跃，士气大振。辽军主将萧挞凛自恃勇武，在澶州城下策马巡视，不料被宋军伏弩射杀。辽军大挫，萧太后震骇，为之辍朝五日。

真恒契睦，仁祯夏骄。

[注释] 真恒：宋真宗赵恒，太宗三子，北宋第三代皇帝。

契：契丹，即辽国。睦：和睦，友好。

仁祯：宋仁宗赵祯，宋真宗六子，宋朝第四代皇帝。

夏：西夏，在北宋的西北方，为党项人李元昊创建。

骄：骄纵、骄横。

[释文] 真宗时期，辽国讲信修睦；仁宗时期，西夏猖狂骄纵。

[背景] 澶州城下的对峙使宋辽双方均有心议和。公元1005年，宋辽签订和约：两国为兄弟之国，以白沟河为国界，双方于边境互市贸易，宋每年向辽提供银十万两、绢二十万匹（史称"澶渊之盟"）。"澶渊之盟"结束了长达二十五年的宋辽战争，两国从此处于和平状态达百年之久。真宗死，其子赵祯即位，是为宋仁宗。公元1038年，宋朝西北方的党项首领李元昊承祖辈之基业，称帝建国，西夏崛起。宋廷不承认李元昊的帝位，遂与西夏在三川口（今陕西子洲）、好水川（今宁夏同心）和定川寨（今宁夏固原）先后展开三次大战，宋军皆败。踌躇满志的李元昊甚至妄言"亲临渭水，直据长安"。宋相吕夷简在听闻战败消息后惊呼："一战不及一战，可骇也！"但连年的战争也使得西夏财尽民穷，社会矛盾尖锐，西夏亦有讲和之意。公元1044年，宋夏达成和议，李元昊取消帝号，称臣于宋。宋每年向西夏赐予岁币，并恢复两国贸易。这次和议发生在北宋庆历年间，史称"庆历和议"。

英曙濮议，神顼青苗。

[注释] 英曙：宋英宗赵曙，宋仁宗养子，宋太宗曾孙，北宋第五代皇帝。

濮议：关于英宗生父濮王赵允让名分的争议。

神顼：宋神宗赵顼，宋英宗长子，北宋第六代皇帝。

青苗：青苗法，北宋王安石变法的重要举措之一。

[释文] 宋英宗主持对生父濮王赵允让名分的讨论；宋神宗开启轰轰烈烈的"王安石变法"。

[背景] 宋仁宗在位四十二年，是宋朝在位时间最久的皇帝。仁宗无嗣，便传位于养子赵曙。赵曙的生父为仁宗的堂兄濮王赵允让，此时濮王已逝世多年。关于英宗应该向生父赵允让称"皇考"还是"皇伯"，引起了朝堂广泛的争论。这一历史事件又被称为"濮议"。公元1067年，赵曙逝世，其子赵顼即位。此时北宋建国已逾百年，在祖宗之法的禁锢下，北宋冗兵、冗官、冗费，国家积弱，形势严峻。王安石呈上《本朝百年无事札子》，指出国家承平百年，实则危机四伏，"大有为之时，正在今日"，与认为"天下弊事至多，不可不改"的宋神宗不谋而合。宋神宗遂召王安石进京主持变法，以求化解北宋的政治危机。王安石锐意改革，先后推出了青苗法、免役法、保甲法等一系列新法（史称"王安石变法"）。青苗法是"王安石变法"中解决财政问题的重要改革举措，即在每年二月、五月青黄不接时，由官府给农民贷款、贷粮，每半年取利息二分或三分，分别随夏秋两税归还。"王安石变法"是中国历史上一次规模巨大的社会变革，改革派王安石集团的"新党"和保守派司马光集团的"旧党"由此引发了长达数十年的新旧党争，对北宋政局造成了深远的影响。

哲煦果锐，徽佶轻佻。

[注释] 哲煦：宋哲宗赵煦，宋神宗六子，北宋第七代皇帝。

果锐：果敢敏锐。

徽佶：宋徽宗赵佶，宋神宗十一子，北宋第八代皇帝。

轻佻：轻浮佻薄。

[释文] 宋哲宗赵煦果敢敏锐；宋徽宗赵佶轻浮佻薄。

[背景] 公元1085年，宋神宗逝世，其子赵煦冲龄即位，神宗之母高滔滔以太皇太后的身份临朝称制。高氏不满"王安石变法"，便起用王安石的政敌司马光主持朝政。司马光及后继的旧党人士尽数废除王安石新法，贬黜新党官员，北宋新旧党争全面爆发（史称"元祐更化"）。八年后，高氏去世，哲宗亲政。宋哲宗继续推动其父的新法，召回新党人物章惇、曾布等，恢复"王安石变法"中的青苗法、免役法、保甲法等，又打击旧党大臣，废除司马光谥号，贬谪苏轼等旧党官员于岭南。年轻的宋哲宗果敢敏锐，毅然发动两次平夏城之战，使不可一世的西夏臣服，并重启河湟之役，收取西北方的青唐地区。公元1100年，年仅二十三岁的赵煦逝世。神宗皇后向太后主张拥立哲宗弟端王赵佶，宰相章惇厉声反对道："端王轻佻，不可以君天下！"尽管如此，端王最终入继大统，是为著名的宋徽宗。宋徽宗艺术造诣非凡，其书画成就独步天下，为中国古代艺术之高峰。然正如章惇所料，宋徽宗为人轻浮，虽诸事皆能，独不能为君。徽宗时期，北宋新旧党争愈演愈烈，奸相蔡京专权误国，朝堂政治腐朽，地方起义不断。

钦桓北辱,康王南逃。

[注释] 钦桓:宋钦宗赵桓,赵佶长子,北宋第九代皇帝。

康王:康王赵构,赵佶九子,南宋开国之君。

[释文] 宋钦宗赵桓在北方受尽屈辱;康王赵构向南狼奔鼠窜。

[背景] 正在宋徽宗倘徉在北宋建国百余年来的太平盛世之中时,远在辽国北方白山黑水间的女真人在完颜阿骨打的带领下建立起新兴政权——金朝。公元1120年,宋金结成海上之盟,约定共同灭辽。北宋两次出兵攻打辽国南京(今北京),反败于辽,而南京终被金兵攻克。伐辽的惨败使北宋的积贫积弱暴露无遗,金太宗完颜吴乞买即位后便筹划攻宋。公元1125年,金将完颜宗望、完颜宗翰南下伐宋,徽宗丧魂落魄,强迫太子赵桓接受自己的禅位,是为宋钦宗,改元靖康。公元1127年,金军攻克北宋首都汴京,掳掠徽宗、钦宗及宗室、嫔妃、大臣三千余人北返,北宋亡(史称"靖康之变")。徽宗、钦宗在北国受尽凌辱,八年后,徽宗不堪摧残而死,尸体被金人熬成灯油。又二十年,金主完颜亮命赵桓出赛马球,赵桓坠马,被金人乱马践踏而死。"靖康之变"时,钦宗之弟、徽宗九子康王赵构领兵在外,幸免于难。时宋国无主,康王便在应天府(今河南商丘)登基称帝,是为宋高宗,南宋建国。金军继续追击赵构,狼狈不堪的赵构弃守中原,一路向南鼠窜,甚至登船逃往海上。

精忠陨首,谬丑折腰。

[注释] 精忠:指南宋名将岳飞。

陨首:肝脑涂地,舍身报国。

谬丑:秦桧的谥号。

折腰:摧眉折腰,卑躬屈膝。

[释文] 精忠岳飞喋血疆场,舍身报国;奸佞秦桧屈身金人,祸国殃民。

[背景] 就在金人"搜山检海捉赵构"时,南宋英雄豪杰与金人的铁骑展开殊死抗争,抗金名将岳飞就是最杰出的代表。岳飞四次率军北伐,收复大片失地,使金人闻风丧胆。而此时的高宗一心想与金人媾和,便在北伐形势大好之际连下十二道金牌急令岳飞班师。岳飞愤然道:"十年之功,废于一旦。所得州郡,一朝全休。社稷江山,难以中兴。乾坤世界,无由再复!"为进一步推动议和,屈从金人的要求,南宋宰相、巨奸秦桧竟在高宗的默许下加害岳飞。公元1142年,一代军事家、战略家、抗金英雄岳飞被他所忠于的国家以"莫须有"的罪名杀害。赵构、秦桧以精忠之鲜血换来暂时之苟安,将永远被钉在历史的耻辱柱上。秦桧前后拜相十九年,在高宗的授意下向金人割地纳贡,甚至下跪称臣,可谓无耻之尤。岳飞冤死二十年后,宋孝宗为其平反。又四十余年,宋廷追夺秦桧王爵,改谥谬丑。人类的历史终将铭记那些忠君爱国、喋血疆场的英雄豪杰,也会永远唾弃那些薄情寡义、卖国求荣的昏君佞臣。

高构惶窘，孝昚劬劳。

[注释] 高构：宋高宗赵构，南宋开国皇帝。

惶窘：惶恐窘迫。

孝昚：宋孝宗赵昚，高宗养子，宋太祖赵匡胤七世孙，南宋第二代皇帝。

劬劳：辛勤劳苦。

[释文] 宋高宗赵构为帝惊惶困窘；宋孝宗赵昚在位勤勉辛劳。

[背景] 赵构是中国历代开国皇帝中最软弱无能、为人所不齿的昏主。赵构为帝三十六年，时刻都处在朝不保夕的忧虑中。面对北方磨刀霍霍的金国，赵构仓皇南窜，屈膝求和，甚至枉杀忠义之士，背负千古骂名。公元1161年，金主完颜亮率六十万大军南下伐宋，连下州县。身在临安府的赵构惊慌失措，又欲弃城逃命。幸天不亡宋，完颜亮在渡江前兵变被杀。连年的疲于奔命使赵构丧失生育能力，唯一的亲子也在逃亡中夭折。次年，早已惊惶困窘、心力交瘁的高宗传位养子赵昚，是为宋孝宗，宋朝皇位复归太祖一系。宋孝宗力主北伐，恢复河山，并为岳飞平反昭雪。公元1163年，赵昚以张浚为主帅，北上伐金（史称"隆兴北伐"）。但正如后世所评价"高宗朝有恢复之臣，无恢复之君。孝宗朝有恢复之君，而无恢复之臣"，加之金国正值明主完颜雍当政，隆兴北伐草草收场。宋金达成和议（史称"隆兴和议"），两国于是相安四十余年。赵昚为君勤勉辛劳，是南宋最有作为的皇帝，被史家誉为"卓然为南渡诸帝之称首"。

光惇内禅，宁扩外交。

[注释] 光惇：宋光宗赵惇，南宋第三代皇帝，孝宗三子。

　　　内禅：将皇位禅让给内定的继承人。

　　　宁扩：宋宁宗赵扩，光宗之子，南宋第四代皇帝。

[释文] 宋光宗赵惇内禅皇位；宋宁宗赵扩外交金国。

[背景] 公元1187年，做了太上皇二十五年的赵构以八十一岁高龄辞世，一代昏主竟得善终。宋孝宗悲痛不已，欲为高宗守孝三年，加之孝宗已疲于政务，便于公元1189年禅位其子赵惇，是为宋光宗。光宗常年患病，皇后李氏擅权揽政，又挑拨孝宗、光宗父子关系，使政局骚动，人心惶惶。又五年，孝宗驾崩，光宗以病为辞，拒不主持生父丧礼。大臣赵汝愚、韩侂胄等人在太皇太后吴氏（高宗皇后）的支持下拥立光宗之子赵扩。赵扩推辞，吴氏命人取来黄袍亲自为其穿戴。赵汝愚等人立即领文武百官跪拜，赵扩登基为帝，尊光宗为太上皇（史称"绍熙内禅"）。宋宁宗在权相韩侂胄的支持下北伐金朝，史称"开禧北伐"，但北伐依然以南宋的失利告终。公元1207年，在金人的要求下，主战领袖韩侂胄被杨皇后和史弥远所杀，其首级被送往金国，成为和谈的投名状。南宋再一次屈膝事金，与金国签署了更为屈辱的"嘉定和议"。宋宁宗哀叹道："恢复岂非美事，但不量力尔。"

理昀罪己，度禥耽娇。

[注释] 理昀：宋理宗赵昀，宋太祖赵匡胤十世孙，南宋第五代皇帝。

度禥：宋度宗赵禥，宋理宗之侄，南宋第六代皇帝。

耽娇：沉溺于美色。

[释文] 宋理宗赵昀下诏罪己；宋度宗赵禥沉溺女色。

[背景] 公元1224年，宁宗驾崩。宁宗诸子皆早夭，权相史弥远立赵氏宗族赵昀为帝，是为宋理宗。理宗时期，北方的蒙古迅速崛起，于公元1227年灭亡西夏，又将金国的生存空间压缩到中原汉地。金哀宗遣使赴宋，称"蒙古灭国四十，以及西夏，夏亡及于我，我亡必及于宋。唇亡齿寒，自然之理"。但宋廷为报百年前的靖康血耻，决意联蒙灭金。公元1234年，宋蒙联军攻破蔡州（今河南汝南），金哀宗自缢。宋理宗将金哀宗遗骨供奉于太庙，告慰徽宗、钦宗在天之灵。南宋大仇得报，并一度出兵收复原北宋东京开封府、西京河南府（今河南洛阳）和南京应天府（史称"端平入洛"），却反遭彪悍的蒙古军袭击。南宋全线败退，长达近半个世纪的宋蒙战争爆发。为讨好蒙古，宋理宗为自己擅开边衅下诏罪己。公元1264年，在位四十年的宋理宗病逝，侄子赵禥继承皇位。度宗沉溺于女色，曾有一日嫔妾于合门谢恩者达三十余人。度宗又将军国大事全部委托奸相贾似道，南宋衰敝日甚。

仍逢恭㬎，敢忆陈桥。

[注释] 恭㬎：宋恭宗赵㬎，赵禥次子，南宋第七代皇帝。

陈桥：指赵匡胤"陈桥兵变"的典故。

[释文] 继"靖康之耻"后，赵家皇帝仍旧难逃被俘的噩运，可曾想起当年"陈桥兵变"的孤儿寡母？

[背景] 公元1258年，蒙古大军进逼南宋蜀地，在合州钓鱼城（今重庆合川）下受阻。蒙古招降合州守将王坚，被严词拒绝。蒙古国大汗蒙哥遂亲临钓鱼城督战，孰料竟在钓鱼城下重伤而死。南征的蒙古大军被迫撤退，进攻荆鄂的忽必烈也北返与阿里不哥争夺皇位，南宋军事压力骤减。钓鱼城之战不仅使南宋绝处逢生，其影响甚至远超中国范围。第三次蒙古西征的主帅旭烈兀闻蒙哥已死后率军东归，蒙古帝国止步于阿拉伯半岛，终未能进入非洲。公元1271年，蒙古国大汗忽必烈称帝建国，改国号大元，兵锋直指南宋。又二年，蒙古军攻克被围困六年之久的南宋重镇襄阳，宋廷危亡。赵禥驾崩，三岁的赵㬎即位。在舆论的压力下，宋相贾似道领军出征，旋败。公元1276年，元朝左丞相伯颜攻克南宋首都临安，俘宋恭宗赵㬎、谢太后等北还。也许是冥冥中的天道轮回，三百年前，宋太祖通过"陈桥兵变"从柴家孤儿寡母手中篡夺江山时，可曾想过大宋江山有朝一日又会失于孤儿寡母之手？

端昰蹈海，怀昺没涛。

[注释] 端昰：宋端宗赵昰，南宋第八代皇帝，恭宗之兄。

蹈海：为避祸而出海。

怀昺：宋怀宗赵昺，南宋末帝，恭宗之弟。

没涛：淹没于波涛之中。

[释文] 宋端宗赵昰为避难而乘船出海；宋怀宗赵昺殉难于滚滚波涛。

[背景] 宋恭宗被俘后，抗元名将文天祥、张世杰、陆秀夫等人拥立恭宗兄长赵昰为帝，继续抵抗元军。蒙古人一路势如破竹，端宗一行人乘船退到海上，却遭遇台风，端宗落水，不久染疾而死。众人随后拥立恭宗之弟赵昺，退往崖山（今广东新会南）。公元1278年，文天祥兵败被俘，元将张弘范命其写信招降崖山的张世杰。文天祥遂书《过零丁洋》，以"人生自古谁无死，留取丹心照汗青"表明心志。张弘范敬其忠义，不再为难。公元1279年，已无立锥之地的宋廷与张弘范在崖山周边海面背水一战，南宋全军覆没（史称"崖山海战"）。陆秀夫见回天乏术，不愿"靖康之耻"重现，便背起赵昺投海殉国，随行十万南宋军民亦相继投海。南宋亡。后人回望此段历史，莫不为宋亡之悲壮而怆然。崖山海战后，张世杰部下一陈姓宋兵侥幸获救上岸，从此在盱眙安家落户。又数十年，陈公一女嫁与朱五四，生子朱重八，此人便是在宋亡九十年后，北逐残元、驱除胡虏，恢复汉家江山的明太祖朱元璋。

辽夏金元

辽夏金元

漠南骏跃，塞北龙骧。牧歌跌宕，胡曲激扬。侵渤耶律，掠汴德光。
世阮宽善，穆璟怠荒。明扆景铄，隆绪圣昌。宗真兴尽，洪基道殇。
金征延禧，夏觊河湟。继迁银宥，德明甘凉。夺媳元昊，窃政讹庞。
毅祛前患，惠忍后殃。崇荫尤远，仁祐亦长。桓循故训，襄篡庙堂。
神弃唇齿，献畏虎狼。孛儿诛觊，完颜奠邦。旻逐辽主，晟掳宋皇。
熙亶酗酒，海陵渡江。世雍大定，章璟小康。卫绍遣邸，宣珣移梁。
守绪哀殉，承麟旋亡。铁木秘冢，窝阔宏疆。古今震烁，欧亚悚惶。
监国少子，称制红妆。定宪争位，手足阋墙。世祖缔创，成宗更张。
武仁相授，英拜见戕。泰定不永，天顺难详。文明既让，兄弟何伤。
宁冲践祚，惠弊求强。石人一眼，红巾四方。下生弥勒，降世明王。

漠南骏跃，塞北龙骧。

[**注释**] 漠南、塞北：戈壁以南、边塞以北，是中国古代游牧民族的活跃地区。

骧：昂首奔驰。

[**释文**] 戈壁以南、边塞以北历来是中国古代游牧民族政权的龙兴之地。

[**背景**] 中国历史并非中原汉地王朝演绎的独角戏，也涵盖了中国北方少数民族政权的兴衰史。自秦汉时期的匈奴以降，鲜卑、柔然、突厥、契丹、女真、蒙古等游牧民族先后活跃在中国北方，与中原王朝在政治、经济、文化乃至军事上产生了深刻的交融，形成了丰富多元的中华文明。有些少数民族甚至一度入主中原，深远地影响了中国历史乃至世界历史的走向。

牧歌跌宕，胡曲激扬。

[注释] 胡曲：游牧民族的乐曲。

[释文] 游牧民族的乐曲跌宕起伏、慷慨铿锵，一如他们的精彩绝伦的历史将永远回荡在中国的土地上。

[背景] 自唐亡以来，中原政权忙于内战，更迭频仍，无暇顾及在北方草原崛起的新兴力量。而宋太祖以武将身份从后周孤儿寡母手中夺取江山，为避免子孙重蹈唐末五代覆辙，两宋一改汉唐雄风，采取了重文轻武的政策，以致文恬武嬉。中原王朝军事力量的收缩为北方少数民族政权的壮大创造了机遇。故自五代至两宋近四百年的历史也伴随着北方先后崛起的少数民族政权的兴替。辽、夏、金、元作为国祚绵长、影响深远的少数民族政权，也是中国历史及中华文明的重要组成部分。

侵渤耶律，掠汴德光。

[注释] 渤：渤海国，唐朝时期中国东北部靺鞨族建立的政权，被唐朝册封为渤海国。

耶律：这里指辽太祖耶律阿保机（汉名耶律亿），辽代开国君主。

汴：汴梁城，即开封，后晋都城。

德光：辽太宗耶律德光，耶律亿次子，辽代第二代皇帝。

[释文] 辽太祖入侵渤海国；辽太宗掳掠汴梁城。

[背景] 公元907年，朱温篡唐使一个古老的中原帝国落下帷幕。而在同一年，中国北方的契丹部落首领耶律阿保机即可汗位，一个属于北方少数民族的时代就此开始。阿保机先后与中原霸主朱温、李克用结盟，为契丹创造了稳定的外部环境，但又背弃盟约伺机南下发展，终败于李存勖等。阿保机于是转而东征，消灭渤海国，改渤海国为东丹国，令其长子耶律倍为东丹王。阿保机在东征回师途中病逝，次子耶律德光在太后述律平的支持下登基，长子耶律倍不久被迫弃国逃奔后唐，终客死异乡。公元936年，后晋儿皇帝石敬瑭割让幽云十六州给耶律德光，换来后者对其攻灭后唐的支持。十余年后，耶律德光灭后晋，并在后晋都城汴梁称帝，国号大辽。契丹军队在汴梁城中搜刮掳掠，其倒行逆施的行为迅速激起了中原地区人民的反抗。耶律德光自知作为草原游牧民族的契丹尚无力统治中原，便从汴梁撤离，引军北返。

世阮宽善，穆璟怠荒。

[注释] 世阮：辽世宗耶律阮，耶律倍长子，耶律德光之侄，辽代第三代皇帝。

穆璟：辽穆宗耶律璟，耶律德光长子，辽代第四代皇帝。

[释文] 辽世宗耶律阮宽和仁厚；辽穆宗耶律璟怠惰放荡。

[背景] 耶律德光死于北返的途中，众将担心太后述律平拥立其性情暴虐的三子耶律李胡，而耶律阮作为耶律倍的长子，为人宽和仁厚，又深得契丹人同情，恰在随行军中。于是众人推举耶律阮在太宗灵柩前即位为帝。述律平得知，愤然令耶律李胡发兵征讨，不克。述律平便亲自领兵与其孙耶律阮决战。幸有契丹皇族从中斡旋，双方最终达成"横渡之约"，述律平承认了耶律阮的帝位。四年后，耶律阮在南下征讨后周的途中被辽国宗室所杀，正在军中的耶律德光长子耶律璟镇压叛乱，夺取帝位。耶律璟怠惰放纵，常夜半酣饮，致白日昏睡，有"睡王"之称。耶律璟昏聩残暴，甚至杀人成性，是中国历史上有名的暴君。公元969年，耶律璟又因琐事欲杀其近侍和厨子，后者自知在劫难逃，索性破釜沉舟，用厨刀合力杀死耶律璟。

明扆景铄，隆绪圣昌。

[注释] 明扆：辽景宗耶律明扆（汉名耶律贤），辽世宗耶律阮次子，辽代第五代皇帝。

景铄：盛美，盛明。"景"也指景宗的庙号。

隆绪：辽圣宗耶律隆绪，辽景宗耶律明扆长子，辽代第六代皇帝。

圣昌：圣明，昌盛。"圣"也指圣宗的庙号。

[释文] 耶律明扆治国有方，辽朝中兴；耶律隆绪为君圣明，国家全盛。

[背景] 耶律璟被杀后，众人拥戴耶律阮次子耶律明扆为帝，辽朝帝位复归于耶律倍一系，直至辽末。辽景宗是辽朝的中兴之主，对内改革吏治，发展农业，促进了契丹民族的封建化；对外抵御宋太宗北伐，在"高梁河之战"中大败宋军，赵光义仓皇败逃。自此宋辽两国攻守易势，北宋再无力收复幽云十六州。景宗病死，传位长子耶律隆绪，是为辽圣宗。耶律隆绪即位时年仅十二岁，太后萧绰开始了二十七年的临朝摄政，是为著名的辽国萧太后。公元 1004 年，萧太后与辽圣宗南下伐宋，双方互有胜负，终达成"澶渊之盟"，换得两国百年修好。萧太后继承景宗中兴的治世局面，又为耶律隆绪留下更为丰厚的政治遗产。辽圣宗正式亲政后，对内借助汉人治国的先进经验改革吏治、完善法律；对外积极扩张，征战四方，将国家推向全盛。耶律隆绪在位四十九年，是辽代在位时间最久的帝王，其文治武功的建树也无愧于中国历史上唯一的"圣宗"的庙号。

宗真兴尽，洪基道殇。

[注释] 宗真：辽兴宗耶律宗真，辽圣宗耶律隆绪长子，辽代第七代皇帝。

兴尽：兴盛局面已然耗尽。"兴"也指兴宗的庙号。

洪基：辽道宗耶律洪基，辽兴宗耶律宗真长子，辽代第八代皇帝。

道殇：治国之道未张即夭。"道"也指道宗的庙号。

[释文] 耶律宗真耗尽国家盛世；耶律洪基未显治国之道。

[背景] 公元1031年，一代雄主辽圣宗去世，皇太子耶律宗真即位，是为辽兴宗。兴宗亲小人远贤臣，使朝政腐败，又连年用兵西夏，而败多胜少。自兴宗始，辽国已展露颓势，至道宗一朝，辽国彻底衰落。耶律洪基即位初期也有治国之抱负，曾广开言路，劝农兴学。但道宗为人昏庸，不辨忠奸，先后重用奸佞耶律重元、耶律乙辛，又听信谗言赐死皇后、囚禁太子，使统治集团内部斗争加剧。耶律洪基崇尚汉化，笃信佛教，曾以白银铸佛像一尊，并在佛像背后刻下"愿后世生中国"。耶律洪基广印佛经、修筑寺塔、铸造佛像，却劳民伤财，社会矛盾激化。耶律洪基在位四十六年，七旬而终，始终与北宋睦邻友好，并在临终之际告诫皇孙耶律延禧勿与宋朝交恶。此时，圣宗年间国家鼎盛局面荡然无存，辽代已然出现统治危机。

金征延禧，夏觊河湟。

[**注释**] 延禧：辽恭宗（一般称辽天祚帝）耶律延禧，辽道宗之孙，辽代末帝。

觊：觊觎，希图。

河湟：今青海和甘肃境内的黄河和湟水流域，是西夏和北宋争夺的战略要地。

[**释文**] 金人征讨耶律延禧，灭亡辽国；西夏觊觎河湟谷地，盘踞西北。

[**背景**] 公元1101年，耶律延禧即位，群臣上尊号"天祚皇帝"，是为辽天祚帝。天祚帝面对国家内政废弛、外敌环伺的窘境，却游猎享乐，不思进取，毫无作为，对东北边疆的女真族叛乱竟也不以为意。公元1114年，女真部族首领完颜阿骨打起兵反辽，次年建立金朝。金人先后攻克辽朝的春州（今吉林白城）、上京（今内蒙古林东镇）、西京（今山西大同）等重镇，天祚帝西遁，于公元1125年被金兵俘获，辽亡。后有宗室耶律大石在今新疆和中亚地区重建西辽政权，立国八十余年后亡于蒙古，但已非传统中国史范畴。时间倒回一百余年，在契丹人称霸草原的同时，另一支少数民族——党项族活跃在中原地区的西北方，此后长期盘踞在黄河中上游，建立西夏政权。西夏长期与北宋、辽并立，多有战事。而河湟谷地水草丰沛、地理位置优越，自西夏建国后便被视为必取之地，为此曾经略多年。北宋亦有"欲平西夏，先复河湟"的战略方针。

继迁银宥,德明甘凉。

[注释] 继迁:西夏太祖李继迁,率领党项人抗宋自立,为西夏政权奠定基础。

银宥:银州、宥州,与夏州、绥州、静州并称定难五州,是西夏的龙兴之地,在今陕北、宁夏附近。

德明:西夏太宗李德明,李继迁长子。

甘凉:甘州、凉州,在定难五州以西,今甘肃境内。

[释文] 李继迁抗宋自立,夺回定难五州;李德明依辽和宋,西取甘凉诸地。

[背景] 自唐末五代以来,党项李氏家族即据守位于中原西北方的银、宥、夏、绥、静五州之地,号定难军。公元982年,北宋已定中原,党项首领、定难军节度使李继捧迫于压力放弃割据西北,献五州之地朝觐宋太宗。李继捧的族弟李继迁遂出奔自立,率领党项人与北宋分庭抗礼。历经十余年的征战,李继迁收复五州故地,宋廷疲于应付党项和契丹两线的军事压力,只得授予李继迁定难军节度使,被迫承认其割据自立的事实。李继迁在西征吐蕃中重伤而死,其子李德明嗣位。李德明奉行"依辽和宋"的战略,同时向宋辽两国称臣,并逐步向西发展。李德明率领党项军队西征吐蕃、回鹘,连克甘州、凉州、瓜州、沙州等地,其统辖区域覆盖了河西走廊,直至玉门关。公元1032年,李德明病死,其子李元昊继位夏主,辽、夏、宋鼎立格局形成。

夺媳元昊，窃政讹庞。

[注释] 媳：儿媳。

元昊：西夏景宗李元昊，李德明之子，西夏开国皇帝。

讹庞：没藏讹庞，西夏国相。

[释文] 李元昊强霸儿媳，终被刺死；没藏讹庞借刀杀人，窃取国政。

[背景] 公元1038年，在李继迁、李德明两代人开疆拓土的基础上，李元昊登基称帝，国号大夏，史称西夏。宋廷拒绝承认李元昊的帝位，在西夏的屡次挑衅下，宋夏战争爆发。双方在宋夏边境三川口、好水川和定川寨进行了三次大规模战役，均以李元昊大胜告终，宋廷震动。最终宋夏议和，李元昊名义上向宋称臣，奉其正朔，换取北宋开放互市和所赐岁币。公元1047年，骄奢淫逸的李元昊贪图太子宁令哥之妻的美色，竟将其强行霸占，不久又废黜太子之母。在国相没藏讹庞的挑唆下，悲愤交加的太子宁令哥入宫行刺，李元昊躲闪不及，被削去鼻子，次日重伤而死。宁令哥遁入没藏讹庞家中，没藏讹庞反以弑君罪诛杀太子，并将自己妹妹没藏皇后与李元昊所生的儿子李谅祚立为皇帝，是为夏毅宗。没藏讹庞以阴险的手段借刀杀人，谋害李元昊及太子，成功拥立年幼的外甥为国君，自任国相，大权总揽，煊赫一时。

西夏景宗 李元昊

毅祛前患，惠忍后殃。

[注释] 毅：西夏毅宗李谅祚，李元昊与没藏氏之子，西夏第二代皇帝。

祛：祛除。

惠：西夏惠宗李秉常，李谅祚与梁氏之子，西夏第三代皇帝。

[释文] 夏毅宗祛除母党擅权的隐患；夏惠宗忍受随之而来的苦果。

[背景] 李谅祚即位时年仅一岁，生母没藏太后摄政，太后之兄没藏讹庞权倾朝野。十余年后，没藏讹庞又将其女没藏氏嫁与李谅祚为皇后。此时的李谅祚已参与国政，对没藏讹庞的跋扈行径愤恨于心。没藏讹庞预感祸端将至，与其子密谋刺杀李谅祚。而李谅祚恰与没藏讹庞的儿媳梁氏私通有染，梁氏得知没藏讹庞的政变企图后告知李谅祚。李谅祚遂先发制人，诛没藏讹庞全家。此后，李谅祚又赐死没藏皇后，立情妇梁氏为皇后。公元1068年，李谅祚去世，七岁的李秉常即位，生母梁太后摄政，太后之弟梁乙埋为国相。与二十年前的剧本如出一辙——年幼的君主、摄政的太后和擅权的舅父。当初李谅祚诛没藏、立梁氏，可曾想过历史会如此戏剧性地重演？理政后的李秉常依然难以挣脱母党势力的束缚，甚至一度被梁太后和梁乙埋囚禁，西夏内乱。宋神宗乘机出兵伐夏，又遭惨败，宋夏再度议和。西夏君主和母党的纷争终于随着梁乙埋和梁太后在公元1085年的先后去世而暂告缓和，而李秉常不久也忧愤而死。

崇荫尤远，仁祜亦长。

[注释] 崇：西夏崇宗李乾顺，李秉常长子，西夏第四代皇帝，在位五十三年。

仁：西夏仁宗李仁孝，李乾顺次子，西夏第五代皇帝，在位五十四年。

[释文] 李乾顺的荫佑殊为久远；李仁孝的皇祜更为绵长。

[背景] 公元1086年，三岁的李乾顺登基，国政依然由母党梁氏家族把持。李乾顺十六岁时，借助辽道宗的力量铲除母党，彻底结束了西夏自毅宗半个世纪以来外戚专权的局面。亲政后的李乾顺励精图治，西夏国势走向鼎盛。时辽、宋日渐颓落，李乾顺先联辽抗宋，又在天祚帝求援时联金灭辽，使西夏在辽、宋、金攻伐混战的历史变局中左右逢源，屹立不倒。公元1139年，李乾顺去世，其子李仁孝即位。在金朝强盛、宋室南渡的背景下，李仁孝交好金朝，遣使朝贡，为西夏的稳定发展创造了良好的外部环境。公元1193年，统治西夏半个多世纪的李仁孝七旬而终。崇宗、仁宗分别统御国家五十余年，为中国历史之鲜见。而父子两代人的帝祚前后跨越百年，更是中国历史之仅有。遥想李乾顺即位时，女真仅仅是辽国遥远边陲的野蛮部落，北宋的政局正因新旧党的路线之争而摇摆不定。李仁孝去世时，女真人早已取代辽国成为高度汉化的中原霸主，而南宋已然偏安江左六十余年，杭州的暖风与西湖的歌舞让靖康旧事化为了统治者遥远而淡薄的记忆。

桓循故训，襄篡庙堂。

[**注释**] 桓：西夏桓宗李纯佑，李仁孝长子，西夏第六代皇帝。

襄：西夏襄宗李安全，崇宗之孙，仁宗之侄，西夏第七代皇帝。

庙堂：朝廷，这里指皇位。

[**释文**] 李纯佑遵循前朝故训；李安全篡夺九五之尊。

[**背景**] 仁宗之子桓宗李纯佑是一位守成之君。桓宗一朝基本奉行仁宗朝的外交政策和治国方略。但同中国历代封建王朝一样，前朝故训无法摆脱封建君主专制制度的固有弊端，兴盛百年的西夏王朝终究无法突破"长明乃晦，极盛而穷"的历史周期率。西夏衰落的同时，草原上的蒙古族逐渐崛起。公元1205年，桓宗改国都兴庆府（今宁夏银川）为中兴府，寄托了国家中兴的美好愿景。但恰在同年，蒙古的铁骑在铁木真的率领下首征西夏，自此国家永无宁日。次年，仁宗之侄李安全发动政变，废桓宗，篡取西夏皇位，是为襄宗。面对蒙古军队再次来犯，李安全只得求援于盟友金朝。但金主竟以"敌人相攻，我国之福"而作壁上观，于是金夏关系破裂。蒙古军队围困中兴府，双方僵持不下。襄宗被迫与蒙古订立城下之盟，西夏向蒙古进贡大量钱帛物资，后者满载而还。

神弃唇齿，献畏虎狼。

[注释] 神：西夏神宗李遵顼，西夏宗室齐王李彦宗之子，西夏第八代皇帝。

唇齿：比喻关系密切，相互依靠。这里指与西夏唇齿相依的金国。

献：西夏献宗李德旺，李遵顼次子，西夏第九代皇帝。

虎狼：虎狼之师，战斗力极强的军队。这里指蒙古。

[释文] 李遵顼摈弃唇齿相依的金国；李德旺畏惧如狼似虎的蒙古。

[背景] 李遵顼本是西夏宗室之子，博览群书，聪慧过人，在西夏的科举考试中曾高中状元，先后获得桓宗、襄宗的赏识，并逐步掌握朝廷兵权。公元1211年，李遵顼发动兵变，废黜篡位的襄宗并自立为帝，成为中国历史上唯一一位"状元皇帝"，是为西夏神宗。在蒙古的军事压力下，神宗采取附蒙攻金的战略，登基后立即出征与其唇齿相依的金国，与蒙古对金形成夹击之势。次年，金国主动遣使修好，但神宗不改其意。甚至在蒙古进犯西夏劫掠而去后，李遵顼依然执意讨好蒙古，废黜不愿领兵伐金的太子李德任。公元1223年，在蒙古的兵锋与朝内的反对声中，神宗被迫退位，传位次子李德旺。李德旺立即改变其父政策，试图联金抗蒙。但金夏互保的最佳时机已过，两国在连年的战争中千疮百孔，已步入灭亡的倒计时。三年后，成吉思汗亲率十万虎狼之师南下，一路势如破竹。西夏城邑失陷、将帅战死、百姓被屠戮，国家危如累卵。李德旺惊惧交加，不久便忧悸而死。

孛儿诛睍，完颜奠邦。

[注释] 孛儿：孛儿只斤氏，成吉思汗家族的姓氏。

睍：西夏末帝李睍，李遵顼之孙，李德旺之侄。

完颜：完颜氏，金朝皇族的姓氏。

[释文] 孛儿只斤氏诛杀末帝李睍；完颜氏奠定了金朝的基业。

[背景] 李睍继位后，立即率领西夏军民与蒙古军进行最后的战斗。西夏名将嵬名令公率十万夏军在灵州（今宁夏灵武）城下与蒙古军决战，夏军战败，灵州失陷，前太子李德任不屈殉国。公元1227年，蒙古军围困西夏国都中兴府，李睍拒降。同年，成吉思汗病逝，蒙古人秘不发丧。已被围困半年之久的李睍无力回天，终于出城投降，西夏遂亡。李睍不久为蒙古人所杀，而与西夏共同抗蒙的金国也气数将尽。遥想一百多年前，金太祖完颜阿骨打在辽国东北统一女真诸部，不堪契丹压迫而举兵反辽，带领族人开启了金国波澜壮阔的百年辉煌。公元1115年，完颜阿骨打在上京会宁府（今黑龙江哈尔滨）称帝建国，国号大金，并开始了吞辽灭宋、逐鹿中原的征程。

旻逐辽主，晟掳宋皇。

[注释] 旻：完颜旻，金朝开国皇帝、金太祖完颜阿骨打的汉名。

晟：完颜晟，金朝第二代皇帝、金太宗完颜吴乞买的汉名。

[释文] 完颜旻追击辽天祚帝；完颜晟掳走宋徽、钦二帝。

[背景] 完颜阿骨打凭借高超的军事指挥才能，迅速攻陷辽国军事重镇黄龙府（今吉林农安）。昏聩的天祚帝如梦方醒，遂御驾亲征，却大败而返。女真锐不可当，辽军望风而降。春州、上京、云中、西京等重地相继失陷，辽国已失去大片土地，只得仓皇西窜。窘迫的天祚帝被金军追击，以致水粮断绝，在逃亡途中终被金将完颜娄室生擒。此时，金太宗完颜吴乞买已从病逝的兄长手中接管金国权柄，旋即对宋用兵。趁灭辽余威，金兵南下攻克宋朝的北方防线，渡过黄河，直捣北宋腹地，围困宋都汴京。宋徽宗惊慌中禅位于赵桓，改年号靖康。公元1127年，汴京城破，徽、钦二帝被废为庶人，连同北宋后妃、宗室、官僚等数千人尽皆北掳。北宋府库百余年积累的大量财富也被洗劫一空。领兵在外的康王赵构幸免于难，同年建立南宋，宋室得以苟延。宋金的百年对峙自此开始。

熙亶酗酒，海陵渡江。

[注释] 熙亶：金熙宗完颜亶，金太祖嫡长孙，金朝第三代皇帝。

海陵：金海陵王完颜亮，金太祖之孙（金太祖庶长子完颜宗干次子），金朝第四代皇帝。

[释文] 金熙宗完颜亶酗酒成性，恣意杀人；海陵王完颜亮南征伐宋，执意渡江。

[背景] 完颜亶为阿骨打嫡长孙，在金朝宗室勋贵完颜宗干、完颜宗弼等人的支持下，被金太宗立为皇位继承人。完颜亶即位后，依靠宗干、宗弼等辅臣对内进行了深入的政治改革，促进了金朝的封建化，对外威胁南宋签署"绍兴和议"，逼其割地称臣。但随着辅政元老的先后故去，完颜亶在朝政的高压之下酗酒成性、喜怒无常，以致暴虐杀人。皇弟、皇后及嫔妃、大臣等动辄惨遭杀戮，举朝震恐。公元1150年，完颜宗干次子完颜亮弑完颜亶后自立为帝，并尽杀太宗一系子孙，以绝后患。为巩固金朝对中原地区的统治，完颜亮将国都自上京会宁府迁至燕京（今北京），改燕京为中都大兴府。公元1161年，在"绍兴和议"签订二十年后，磨刀霍霍的完颜亮兴兵亲征南宋。金军自和州（今安徽和县）渡江，被宋将虞允文在采石矶击败。此时完颜雍已在后方僭位称帝，前线军心浮动。然完颜亮并无退意，勒令众将士三日之内必渡江攻宋，否则尽行处斩。诸将已无退路，遂铤而走险，在次日拂晓发动兵变缢杀完颜亮。

世雍大定，章璟小康。

[注释] 世雍：金世宗完颜雍，金太祖之孙（金太祖三子完颜宗辅之子），金朝第五代皇帝。

大定：完颜雍的年号，同时又指天下大定、国家安泰。

章璟：金章宗完颜璟，金世宗嫡孙，金朝第六代皇帝。

[释文] 金世宗完颜雍时期天下大定，国泰民安；金章宗完颜璟治下百姓安乐，宇内小康。

[背景] 完颜亮继位后，任命从弟完颜雍为东京（今辽宁辽阳）留守，并强令其妻乌林答氏入京为人质，乌林答氏深知好色成性的完颜亮用意，在赴京途中投水自杀。完颜雍忍辱负重，伺机雪耻。趁完颜亮兴兵伐宋而民怨四起、统治不稳之机，完颜雍在东京登基称帝，改元大定，下诏废黜完颜亮帝位。完颜亮被完颜雍贬为海陵王，谥号为炀，又称"海陵炀王"。完颜雍是金国的中兴之主，对外击退宋孝宗的隆兴北伐，对内使金国朝政稳定、社会安宁、百姓富足、府库充盈，"以致大定三十年之太平"（史称"大定之治"），完颜雍因此有"小尧舜"之美称。公元1189年，完颜雍驾崩，因太子完颜允恭早逝，皇孙完颜璟继位。完颜璟是金朝汉化程度最深的皇帝，其书画诗词多有可称者，后世将其与唐玄宗、后唐庄宗、南唐后主、宋徽宗并列为"帝王知音者五人"。金章宗承接了祖父的"大定之治"，进一步促进经济发展、巩固国家统治，天下富庶，人民安乐，被史书颂为"宇内小康"。

卫绍遣邸，宣珣移梁。

[注释] 卫绍：卫绍王完颜永济，金世宗七子，金章宗叔父，金国第七代皇帝。

遣邸：逐遣到故邸。

宣珣：金宣宗完颜珣，金世宗长孙，完颜璟异母兄，金国第八代皇帝。

梁：汴梁，即开封。

[释文] 卫绍王完颜永济被逐遣到故邸；金宣宗完颜珣将国都迁移到汴梁。

[背景] 公元1208年，金章宗病危，膝下无子，但贾妃、范妃仍有身孕。金章宗嘱托叔父完颜永济，在未来出生的皇嗣中，若有男丁即立为储君。金章宗病死后，完颜永济登基，遂毒杀贾妃、令范妃堕胎。完颜永济既无治国之才，又无用人之能，在蒙古铁骑南下伐金的过程中，金朝屡屡失地。公元1213年，成吉思汗大军逼近金中都，而驻防的右副元帅胡沙虎却只顾游猎，不思军事，遭到完颜永济的指责。胡沙虎大怒，率兵进入中都，劫持完颜永济，将其逐遣到故邸毒杀。胡沙虎立完颜珣为帝，又警告屡战不胜的元帅右监军术虎高琪："今日出兵果无功，当以军法从事矣。"术虎高琪果然又败，因畏罪而以其人之道还治其人之身，遂率兵入中都，杀胡沙虎。完颜珣恢复被弑的完颜永济卫王封号，谥号为绍，后世又称完颜永济为卫绍王。为避蒙古兵锋，金宣宗迁都汴梁。次年，金中都被蒙古军攻破，金国北境悉数沦陷。金宣宗遂谋求南向发展，举兵伐宋，但收效甚微。

守绪哀殉，承麟旋亡。

[注释] 守绪：金哀宗完颜守绪，金宣宗三子，金国第九代皇帝。

哀：悲惨凄哀。"哀"也是完颜守绪的庙号。

承麟：金末帝完颜承麟，金朝远支宗室。初为金朝将领，为金哀宗所倚重。

旋：旋即，立即。

[释文] 完颜守绪在凄哀中自缢殉国；完颜承麟在城破之际受位即亡。

[背景] 金宣宗末期，北有蒙古进犯，西与夏国断绝，南与宋朝交恶，终于在内外交困中病死于汴梁。三子完颜守绪继位，是为金哀宗。金哀宗面对危局，起用完颜合达、完颜陈和尚等将领，又与宋夏和解，集中兵力对抗蒙古。在金哀宗和文臣武将的力图振作下，又逢成吉思汗去世，金朝抗蒙形势一度回光返照。但随着公元1227年蒙古灭夏，金朝独木难支。经三峰山战役、钧州战役，金军主力被全歼，名将完颜合达、完颜陈和尚等尽数殉国。蒙古军遂包围金都，金哀宗仓皇出逃，经归德（今河南商丘）遁入蔡州，随行仅数百人。金哀宗向南宋求援，晓以利害，但宋人岂会忘记靖康大恨。公元1234年，宋蒙联军合围蔡州。走投无路的金哀宗深知亡国将至，禅位于金朝宗室将领完颜承麟，嘱托其若有机会逃出生天，也可使金祚不绝。传位大典尚未结束，宋蒙联军已攻入城内，金哀宗自缢殉国，而完颜承麟战死于乱军之中，成为中国历史在位时间最短的皇帝。

铁木秘冢，窝阔宏疆。

[注释] 铁木：孛儿只斤·铁木真，即成吉思汗，蒙古帝国的缔造者。

秘冢：不为人知的坟冢。

窝阔：孛儿只斤·窝阔台，铁木真三子，蒙古帝国第二代大汗。

[释文] 铁木真的秘密坟冢为后人留下千古谜团；窝阔台的辽阔疆域令后来者难以望其项背。

[背景] 公元1206年，长期活跃在金朝北方的蒙古部族首领孛儿只斤·铁木真历经二十余年的征伐，终于统一蒙古诸部，在忽里台大会上被推举为成吉思汗，建大蒙古国。从此，蒙古人冲出漠北高原，在欧亚大陆上掀起疯狂的扩张浪潮，铸就了人类历史上疆域最广的帝国之一。在成吉思汗的带领下，蒙古于1205年首征西夏、1211年南下伐金、1218年灭亡西辽、1219年远征花剌子模，一路所向披靡。公元1227年，成吉思汗在征伐西夏的途中死于六盘山（位于今宁夏、甘肃、陕西交界地带），蒙古人秘不发丧，并将其秘密埋葬，使一代天骄的长眠之处成为千古之谜。成吉思汗和正妻孛儿帖共有四个儿子：长子术赤、次子察合台、三子窝阔台、幼子拖雷。公元1229年，窝阔台在忽里台大会上被拥戴为蒙古帝国的继任者。窝阔台继承其父遗志，对周边国家蚕食鲸吞，于1234年灭亡金朝，并攻入南宋境内。公元1236年，术赤次子拔都、察合台长子拜答儿、窝阔台长子贵由、拖雷长子蒙哥等诸王统领各自军队，以拔都为统帅，远征伏尔加河以西的欧洲各国（史称"拔都西征""长子西征"）。

古今震烁,欧亚悚惶。

[注释] 悚惶:惶恐。

[释文] 拔都西征的功绩震古烁今;欧亚大陆为之悚惧惶恐。

[背景] 拔都西征是亚洲文明和基督教世界的直接武力较量,是东方军事力量在欧亚大陆上最远的西征,可谓震古烁今。拔都西征摧毁了西亚、东欧、中欧的诸多王国,重塑了欧亚政治格局,对世界历史产生了极其深远的影响。公元1236年,诸军会师西征,攻克位于伏尔加河中游的不里阿尔城。公元1237年,蒙古诸军进攻伏尔加河下游的钦察,蒙哥斩杀其大将八赤蛮,里海以北地区被蒙古军队占领。公元1238年西征军攻陷弗拉基米尔城、莫斯科城,公元1240年再克乞瓦(今基辅)。至此,俄罗斯各部均被蒙古吞并。公元1241年,蒙古军队进攻孛烈儿(今波兰)、马扎尔(今匈牙利),并攻占今天位于波兰的克拉科夫和匈牙利的布达佩斯。随后,西征军进入中欧的神圣罗马帝国境内,一度对维也纳形成合围之势。正当此时,蒙古国大汗窝阔台突然去世,拔都西征终止。拔都率军自东欧撤回伏尔加河流域,在伏尔加河畔建立了横跨欧亚的钦察汗国(又称金帐汗国)。

监国少子，称制红妆。

[**注释**] 少子：这里指成吉思汗的幼子孛儿只斤·拖雷。

　　　　红妆：代指女性，这里指大汗贵由的母亲和妻子。

[**释文**] 幼子拖雷监国摄政；母后、皇后临朝称制。

[**背景**] 蒙古部落素有"幼子守灶"的传统。成吉思汗死后，其幼子拖雷暂时监理国政。两年后忽里台大会召开，窝阔台依照成吉思汗遗愿继承汗位，拖雷仍掌握蒙古帝国兵权。不久，正值壮年的拖雷在与窝阔台征金班师的途中离奇暴亡，史籍中诸多疑点均指向窝阔台。公元1241年，窝阔台去世，其皇后乃马真欲立自己的儿子贵由为汗，但贵由随拔都西征未归，又未有窝阔台遗嘱，乃马真后遂临朝称制，为儿子贵由继承汗位创造条件。五年后，忽里台大会召开，贵由如愿被推举为汗。西征统帅拔都素与贵由不和，拒绝赴会。又二年，乃马真后死，亲政后的贵由对拔都当年拒不参会衔恨在心，兴兵讨伐拔都，却病逝于西征的路上。贵由的皇后海迷失在诸王的支持下，携窝阔台的孙子失烈门垂帘听政，直到下一次忽里台大会的召开。

定宪争位，手足阋墙。

[注释] 定：元定宗孛儿只斤·贵由，窝阔台长子，蒙古帝国第三代大汗。

宪：元宪宗孛儿只斤·蒙哥，拖雷长子，蒙古帝国第四代大汗。

手足：兄弟。这里指拖雷四子孛儿只斤·忽必烈和拖雷七子孛儿只斤·阿里不哥。

阋墙：争吵于墙内，通常指兄弟不睦。

[释文] 定宗与宪宗的汗位皆是争夺而来；忽必烈和阿里不哥阋于墙。

[背景] 窝阔台生前本希望其孙失烈门作为大汗继任者，但其妻乃马真后在临朝称制期间，通过滥用权力与蒙古王公们达成政治交易，为其子贵由争取来蒙古大汗之位。贵由病逝后，海迷失后称制。拔都以长支宗王的身份邀请诸王到其驻地召开忽里台大会，指责当初贵由称汗违背窝阔台遗命，并推举拖雷长子蒙哥为汗。窝阔台、察合台两家拒不承认选举结果，但蒙哥依然在次年蒙古草原斡难河畔举行的忽里台大会上被众人拥戴为汗。海迷失后因密谋策动窝阔台系宗王颠覆蒙哥统治，被后者下令投入河中，失烈门也死于非命。自此蒙古大汗归于拖雷一系。公元1258年，蒙哥与其弟忽必烈南下伐宋，留七弟阿里不哥驻守国都哈拉和林（今蒙古国中部）。蒙哥亲率主力进攻四川，次年在蜀地钓鱼城下重伤而死。忽必烈迅速北返，抢先在漠南召开忽里台大会称汗，而留守漠北的七弟阿里不哥也匆忙举行忽里台大会称汗，蒙古帝国出现二汗并立。经历四年的内战，忽必烈终于击败阿里不哥，将其幽禁而死。

世祖缔创，成宗更张。

[**注释**] 世祖：元世祖孛儿只斤·忽必烈，拖雷四子，元朝开国皇帝。

成宗：元成宗孛儿只斤·铁穆耳，忽必烈太子孛儿只斤·真金三子，元朝第二代皇帝。

[**释文**] 元世祖忽必烈缔创大元，混一华夏；元成宗铁穆耳守成而治，略有更张。

[**背景**] 忽必烈和阿里不哥兄弟阋于墙直接导致了蒙古帝国的瓦解。当时的蒙古四大汗国中，钦察汗国、察合台汗国、窝阔台汗国都支持阿里不哥，唯有伊儿汗国（拖雷六子、忽必烈之弟旭烈兀在西亚所建帝国）支持忽必烈。忽必烈虽取得对阿里不哥的最终胜利，但也只得接受四大汗国实际独立的现状。公元1271年，忽必烈取《易经》中"大哉乾元"之意，改国号为大元，忽必烈由蒙古帝国大汗变为大元皇帝，缔创了中国历史上崭新的王朝。次年，忽必烈迁都大都（今北京）。自此，蒙古帝国正式分裂为西部的四大汗国和东部的元朝。公元1279年，忽必烈灭南宋，统一华夏。元朝成为中国历史上首个由外族建立的大一统王朝。公元1294年，忽必烈近八旬而终，太子真金已故，皇太孙铁穆耳即位。铁穆耳在位期间，放弃了忽必烈的对外扩张政策，罢征日本、安南等国，并限制诸王势力、减免部分赋税，在守成的基础上对国家政务进行了一定改良。

元世祖 忽必烈

武仁相授，英拜见戕。

[**注释**] 武：元武宗孛儿只斤•海山，真金次子答剌麻八剌长子，元成宗之侄，元朝第三代皇帝。

仁：元仁宗孛儿只斤•爱育黎拔力八达，真金次子答剌麻八剌次子，元成宗之侄，元朝第四代皇帝。

相授：私相授受。

英：元英宗孛儿只斤•硕德八剌，元仁宗之子，元朝第五代皇帝。

拜：札剌儿•拜住，元朝政治家。

见戕：戕害，被杀害。

[**释文**] 元武宗和仁宗将皇位私相授受；元英宗和拜住在"南坡兵变"中被杀。

[**背景**] 公元1307年，元成宗无嗣而终，元朝统治阶层从此陷入了无休止的内斗，直至元末。安西王阿难答（忽必烈之孙、元成宗堂兄弟）抵达大都，与暂行摄政的卜鲁罕皇后密谋，欲承继大统。爱育黎拔力八达闻讯，迅速带领卫士逮捕并处死阿难答，并以监国之名暂掌政权，遣使奉迎手握重兵驻守青海的同母兄海山回朝继位。元武宗海山立爱育黎拔力八达为储君，相约兄终弟及、叔侄相传（史称"武仁授受"）。海山在位四年后逝世，爱育黎拔力八达如愿嗣位，是为元仁宗。元仁宗在位期间进行政治革新，起用汉族文臣，并恢复科举制度。但仁宗违背了叔侄相继的约定，流放武宗之子和世㻋，并传位于其子硕德八剌。硕德八剌和中书右丞相拜住厉行新政，裁汰冗员，但激进的改革触动了蒙古保守贵族的利益。公元1323年，元英宗和拜住在返回大都的途中被叛臣铁失等人诛杀（史称"南坡之变"）。

泰定不永，天顺难详。

[注释] 泰定：元泰定帝孛儿只斤·也孙铁木儿，真金长子甘麻剌之子，元朝第六代皇帝。

不永：寿命不长久。

天顺：元天顺帝孛儿只斤·阿速吉八，泰定帝长子，元朝第七代皇帝。

[释文] 泰定帝也孙铁木儿寿命不长；天顺帝阿速吉八不知所终。

[背景] "南坡之变"后，元仁宗一系绝嗣。弑君者铁失等人奉迎也孙铁木儿在漠北登基。也孙铁木儿诛杀铁失一党，并改元泰定，寓意国家安泰，政权稳定。但元朝显然已进入多事之秋：各地天灾连绵，起义零星出现。公元1328年，登基五年的泰定帝在上都（今内蒙古正蓝旗）去世，年仅三十五岁。丞相倒剌沙专权，迟迟不立年幼的太子阿速吉八即位。留守大都、执掌兵权的武宗旧臣燕帖木儿乘机发动政变，拥立元武宗之子图帖睦尔为帝，倒剌沙随即在上都拥立阿速吉八为皇帝，年号天顺。元朝"两都之战"爆发。最终，大都朝廷击败上都军队，倒剌沙投降后被处死，阿速吉八不知所终。"两都之战"是元朝统治阶级内部争夺最高权力的战争，使元朝帝位重归于元武宗海山一系。也孙铁木儿、阿速吉八也不被后续的元朝统治者承认其在位的合法性，遂无庙号，后世只能代称为"泰定帝""天顺帝"。元廷的内斗不休为帝国的覆亡埋下伏笔，恰在此年，元朝的掘墓人——朱元璋降生。

文明既让,兄弟何伤。

[**注释**] 文:元文宗孛儿只斤·图帖睦尔,元武宗海山次子,元朝第八代皇帝。

明:元明宗孛儿只斤·和世㻋,元武宗海山长子,元朝第九代皇帝。

[**释文**] 元文宗既然已将帝位让与明宗,又何必兄弟相残而追悔莫及呢?

[**背景**] 仁宗即位后,违背与武宗的约定,将武宗长子和世㻋、次子图帖睦尔分别流放。泰定帝即位后,图帖睦尔被召还。后来,燕帖木儿发动政变欲拥立武宗子嗣,但和世㻋远在中亚地区的察合台汗国避难,遂立图帖睦尔为帝。图帖睦尔表示"谨俟大兄之至,以遂朕固让之心"。"两都之战"后,确立了统治地位的图帖睦尔无奈遵守诺言,遣使奉皇帝玺北迎和世㻋。和世㻋遂在漠北草原的和林即位,是为元明宗,并南下大都。图帖睦尔同时北上,兄弟二人相会于元中都(今河北张北县)。元明宗宴请诸王大臣,与阔别十余年的兄弟图帖睦尔相谈甚欢。不日,和世㻋竟暴亡。图帖睦尔遂在燕帖木儿的护送下匆匆返回上都并再次即位,是为元文宗(史称"明文之争")。三年后,笃信佛教、相信因果轮回的元文宗对兄长的死愧疚不已,在临终前欲立明宗长子孛儿只斤·妥懽帖睦尔为储君,将元朝帝位归还兄长一系。

宁冲践祚，惠弊求强。

[注释] 宁：元宁宗孛儿只斤·懿璘质班，元明宗次子，元朝第十代皇帝。

冲：年幼。

践祚：即位，登基。

惠：元惠宗（元顺帝）孛儿只斤·妥懽帖睦尔，元明宗长子，元朝第十一代皇帝，也是元朝作为大一统政权的最后一代皇帝。

[释文] 元宁宗幼年登基，不幸早夭；元惠宗面对积弊，图治求强。

[背景] 权倾朝野的燕帖木儿担心明宗长子妥懽帖睦尔掌权后将对其进行清算，遂封锁文宗遗诏，传位给明宗年幼的次子懿璘质班，是为元宁宗。但年仅七岁的懿璘质班在位五十余天便夭折。燕帖木儿百般阻挠妥懽帖睦尔继位，强行将皇位空置，自行总揽国政。半年后的公元1333年，燕帖木儿去世，妥懽帖睦尔在文宗皇后的支持下方才即位，是为元惠宗。自成宗驾崩以来二十余年，元朝先后在皇位纷争中经历了武宗、仁宗、英宗、泰定帝、天顺帝、文宗、明宗、宁宗八代皇帝，统治者的频繁更迭和耽于内耗使国家积弊日甚。妥懽帖睦尔起用宰相脱脱进行改革，整肃吏治，征召隐逸，蠲免赋税，开放马禁，削减盐额，编修辽、金、宋三史，元朝颓势一度改观（史称"脱脱更化"）。但随着脱脱隐退，元朝的政治腐朽再难以挽救，加之天灾频仍，民变四起，国家的统治危机进一步加剧。

石人一眼，红巾四方。

[**注释**] 红巾：即红巾军，元末起义军。

[**释文**] 河道内突现独眼石人；起义军迅速四方集结。

[**背景**] 元末黄河泛滥，殃及黄河中下游地区。灾民间口耳相传着一曲民谣："莫道石人一只眼，挑动黄河天下反。"公元1351年，元朝征发十五万民众修治黄河。在遭受饥饿、瘟疫和监工的虐待情况下，民工的尸体遍布河道，人民的反元情绪空前高涨。白莲教首领韩山童、刘福通、杜遵道等人预感天下将乱，便在黄河河道内预先埋下独眼石人。果然石人被挖出，符谶应验，消息不胫而走。大河南北，人心震动。韩山童等人乘势聚集三千民众于颍州（今安徽阜阳），自称宋徽宗八世孙，以"反元复宋"为旗号鼓动群众起义反元。百姓积蓄已久的仇恨被迅速点燃，元末农民大起义爆发。因起义军头裹红巾，又被称为红巾军。

下生弥勒,降世明王。

[注释] 弥勒、明王:佛教和明教中的形象。

[释文] 小明王以"弥勒降生,明王出世"鼓动百姓反抗元朝。

[背景] 韩山童在起义中被捕牺牲,但在其振臂一呼下,中原大地一时间群雄并起。徐寿辉据蕲水建天完国、张士诚袭高邮自称诚王、郭子兴响应红巾军起兵占濠州。刘福通等人迎韩山童之子韩林儿至亳州,称小明王,国号大宋。白莲教作为古代民间的秘密宗教团体,一直以来教派林立、信仰庞杂,与佛教、明教等多有融合。小明王遂借白莲教宣传"弥勒降生,明王出世",继而天下可以太平,百姓得以安康,以此来鼓舞底层人民反抗元朝压迫。红巾军坚持抗元十余年,从根本上动摇了蒙古人的统治,为后来的明朝统一中国、北逐残元奠定了基础。

明清

明清

匹夫斩木,衲子揭竿。鄱湖挞汉,洪武逐元。建文匿迹,永乐镇边。
洪熙从善,宣德任贤。佐纲杨老,救时于谦。北狩正统,南犯也先。
景泰苦短,天顺幸延。成化意切,弘治情专。正德巡塞,嘉靖修玄。
隆庆互市,万历偏怜。东林国本,泰昌红丹。天启宠魏,崇祯剐袁。
自成出陕,献忠入川。由检覆面,三桂冲冠。崧榔近室,唐鲁远藩。
天命萨浒,崇德松山。叔父摄政,顺治坐燕。虏来寇去,清盛明残。
康熙弭乱,圣祖收湾。雍正夺储,乾隆闭关。既锁四海,更诩十全。
嘉庆肃吏,道光销烟。咸丰洪蔓,同治洋渐。宗棠御侮,鸿章和番。
光绪变法,慈禧垂帘。庚子开衅,辛亥燎原。逊位宣统,驱鞑逸仙。
共和始建,王朝终完。皇系千载,文脉万年。中华帝序,神州遗篇。

匹夫斩木，衲子揭竿。

[**注释**] 匹夫：泛指平民百姓。

衲子：僧人。朱元璋早年家贫曾出家为僧，后建立明朝，是为明太祖。

斩木、揭竿：斩木为兵、揭竿为旗，比喻武装起义。

[**释文**] 平民百姓纷纷起义反元；僧人朱元璋随之揭竿而起。

[**背景**] 朱元璋出身于穷苦的农民家庭。因家人先后死于饥荒和瘟疫，朱元璋走投无路之下便到寺庙剃度为僧。随着元末农民起义声势壮大，朱元璋便投奔驻扎在当地的红巾军将领郭子兴，从此投身于元末农民起义的浪潮。朱元璋深得郭子兴倚重，并迎娶其义女马氏。公元1355年，郭子兴病故，朱元璋统率郭子兴余部与元朝军队作战，后攻占集庆（今南京），逐步控制江浙多地，实力不断壮大。公元1360年，天完国主徐寿辉被部将陈友谅诛杀，后者随即称帝，国号汉。次年，朱元璋被小明王封为吴国公。

鄱湖挞汉，洪武逐元。

[**注释**] 鄱湖：鄱阳湖。

挞：镇压，挞伐。

汉：即陈汉，元末由陈友谅所建的割据政权。

洪武：朱元璋建立明朝时的年号。

[**释文**] 朱元璋在鄱阳湖挞伐陈汉；又在洪武年间北逐残元。

[**背景**] 公元 1363 年，盘踞在南方的朱元璋与长江上游的陈友谅在鄱阳湖展开决战，当时世界规模最大的水战爆发。陈友谅败亡。鄱阳湖大战后，朱元璋自称吴王，谋害小明王，又吞并张士诚、方国珍等割据政权，剪灭群雄。公元 1368 年，朱元璋在南京称帝，国号大明，年号洪武，开启北伐元廷、统一全国的进程。同年，明军破大都，结束了元朝在中原的统治。元惠宗北逃大漠，两年后病死。朱元璋以其"知顺天命，退避而去"给予其"顺帝"的尊号，故后世多称妥懽帖睦尔为元顺帝。蒙古帝国自草原而来，终又退归草原。洪武年间，朱元璋发起多次针对元朝残余势力（北元）的北征。公元 1388 年，明太祖遣蓝玉以犁庭扫穴之势深入蒙古高原腹地，终于在捕鱼儿海（今内蒙古贝尔湖）发现并歼灭元军主力，俘获北元王公贵族三千余人。元主脱古思帖木儿出逃，后被阿里不哥后裔也速迭尔袭杀。"捕鱼儿海之战"是明朝对北元的最后一场大战，从此北元政权瓦解，蒙古再次分裂。此后，蒙古诸部在北方草原与明朝相持达二百余年。

建文匿迹，永乐镇边。

[**注释**] 建文：朱允炆，朱元璋嫡孙，太子朱标之子，明朝第二代皇帝，年号建文。

永乐：明成祖朱棣，朱元璋四子，明朝第三代皇帝，年号永乐。

[**释文**] 建文帝销声匿迹，不知所踪；永乐帝迁都北京，天子守边。

[**背景**] 明太祖朱元璋在位期间曾分封诸子为藩王，以燕王朱棣势力最强。因太子朱标早逝，朱元璋便将皇位传给皇太孙朱允炆。而年少的朱允炆地位不稳，在大肆削藩的过程中触怒叔父朱棣，致其在封地北平（今北京）举兵反叛，挥师南下（史称"靖难之役"）。公元1402年，几经波折的燕王朱棣终于攻入南京城，城内皇宫忽然起火。在火灭的余烬中仅发现数具难以辨认的遗骸，建文帝从此不知所踪。燕王朱棣借靖难之名以藩王身份起兵将侄儿赶下皇位，坐实了其在后世口诛笔伐中成为乱臣贼子的恶名。而建文帝的下落终成中国历史上的一桩悬案，也成为朱棣一生的心结。明成祖后来迁都北京，因北京接近边关，常有蒙古部族袭扰，故明代又被称为"天子守国门"的朝代。永乐年间，为巩固北疆边防，朱棣曾五次亲征蒙古，并在最后一次北征回师的途中溘然长逝。

洪熙从善，宣德任贤。

[注释] 洪熙：明仁宗朱高炽，朱棣长子，明朝第四代皇帝，年号洪熙。

宣德：明宣宗朱瞻基，朱高炽长子，明朝第五代皇帝，年号宣德。

[释文] 朱高炽从善如流；朱瞻基任用贤能。

[背景] 公元 1425 年，朱棣长子朱高炽以太子身份登基。虽在位不到一年便驾崩，朱高炽却因赦免"靖难之役"罪臣、废除前朝严刑酷法、与民休养生息等善举而获得"仁宗"的庙号，在历史上享有崇高的评价，并开启了"仁宣之治"的盛世局面。仁宗之弟朱高煦素有篡位之心，欲在仁宗太子朱瞻基回京为父奔丧的途中截杀之，未果。朱瞻基登基后，朱高煦起兵反叛，欲效法其父当年的"靖难之役"取侄儿而代之。只不过这一次，是侄子战胜了叔父。宣宗不想取叔父性命，便废朱高煦父子为庶人。不想朱瞻基去探视朱高煦时，竟被其故意绊倒。朱瞻基勃然大怒，命人用数百斤的铜缸将朱高煦扣住，朱高煦孔武有力，竟将铜缸顶起。朱瞻基又令人在铜缸边点燃木火，将其炙死。"朱高煦之乱"的迅速平定和随之而来的"仁宣之治"，离不开明宣宗任用贤能的结果，宣德年间的大明朝堂可谓人才济济。

佐纲杨老，救时于谦。

[**注释**] 佐纲：辅佐朝纲。

　　　杨老：三位杨姓老臣，即杨士奇、杨荣和杨溥，并称"三杨"。

　　　救时：挽救时局。

[**释文**] 宣宗朝有辅佐朝纲的重臣"三杨"；又有挽救时局的英雄于谦。

[**背景**] 杨士奇、杨荣和杨溥是宣宗重用的名臣，并称"三杨"。"三杨"历仕永乐、洪熙、宣德、正统四朝，先后位至台阁重臣。时人皆称杨士奇有学行、杨荣有才识、杨溥有雅操。"三杨"辅政时期，国家安定、吏治清明、百姓安康，成就了明代官场的一段佳话。后人更有"明称贤相，必首三杨"的赞誉。于谦在宣宗朝曾参与平定"朱高煦之乱"，又任山西、河南等地巡抚。于谦为人两袖清风、刚正不阿，更有勇有谋、忠于社稷。在英宗朝的"土木堡之变"后，兵部尚书于谦主持朝堂危局，指挥北京保卫战，挽狂澜于既倒，拯救了大明江山。

北狩正统,南犯也先。

[**注释**] 北狩:到北方狩猎,是皇帝被掳到北方的婉称。

正统:明英宗朱祁镇,朱瞻基长子,明朝第六代皇帝,年号正统。

也先:绰罗斯·也先,蒙古瓦剌部的首领。

[**释文**] 英宗朱祁镇被掳到蒙古;瓦剌也先南犯至北京。

[**背景**] 朱祁镇即位后宠信太监王振。"三杨"先后去世,王振更加无所忌惮,竟怂恿明英宗御驾亲征北伐蒙古瓦剌。公元1449年,好大喜功的王振与英宗率五十万明军出征瓦剌,却被瓦剌首领也先在土木堡击溃(史称"土木堡之变")。王振死于乱军中,明英宗被生擒。英名盖世、数征蒙古的太祖和成祖倘若泉下有知,看到朱家子孙竟会沦为蒙古人的阶下囚,不知将如何自处。"土木堡之变"的消息传回北京,举朝哗然。在北京城的凄风苦雨中,朝廷已有南迁之意。于谦挺身而出,怒驳南迁,决意坚守京师。于谦以"社稷为重,君为轻",请太后传懿旨命英宗之弟郕王朱祁钰即位,年号景泰,遥尊朱祁镇为太上皇。也先又挟持被俘虏的朱祁镇南下进犯北京,却被兵部尚书于谦指挥的明朝军民在北京城下击退,也先只得携英宗北返蒙古。北京保卫战的胜利是大明国运攸关的转折点,终使建国不足百年的明朝化险为夷。假使大明没有于谦,明朝的历史是否会在这一年重蹈靖康年间都城沦陷、"衣冠南渡"的覆辙?

景泰苦短，天顺幸延。

[注释] 景泰：明代宗朱祁钰，朱瞻基次子，明朝第七代皇帝，年号景泰。

天顺：明英宗朱祁镇复辟后，改元天顺。

[释文] 朱祁钰苦于寿数之短；朱祁镇有幸皇位得延。

[背景] 也先屡次作战无法取胜，又见明朝新君已定，便与明朝求和，竟在"土木堡之变"一年后释放朱祁镇归国。相比于宋徽、钦二帝客死异乡的悲剧，明英宗重回故土实属奇迹与万幸。而朱祁钰出于对兄长的防备，废黜英宗之子朱见深的太子位，又将英宗软禁在南宫长达七年。公元1457年，不满三十岁的朱祁钰病入膏肓，石亨、徐有贞等人乘机拥立朱祁镇复位（史称"夺门之变""南宫复辟"），改景泰八年为天顺元年，废朱祁钰为郕王，并将于谦逮捕入狱。病榻上的朱祁钰听到升朝的钟声，问周围人："于谦耶？"周围人答："太上皇。"朱祁钰道："哥哥做，好。"数日后朱祁钰驾崩。朱祁镇深知于谦有大功于社稷，但依然以谋逆罪名将其处死，天下人为之扼腕。复辟后的朱祁镇没有为土木堡惨死的忠魂祈福，反为罪魁王振建祠悼念，认为"土木堡之变"实为"将臣失律"，以致忠臣王振"引刀自刎"。朱祁镇从皇帝到俘虏再到皇帝的经历书写了中国历史上独一无二的传奇，而其道貌岸然、颠倒黑白、卑鄙无耻之行径必将遗臭万年。

成化意切，弘治情专。

[注释] 成化：明宪宗朱见深，朱祁镇长子，明朝第八代皇帝，年号成化。

弘治：明孝宗朱佑樘，朱见深三子，明朝第九代皇帝，年号弘治。

[释文] 朱见深对万贵妃情真意切；朱佑樘对张皇后用情专一。

[背景] 英宗复辟八年后去世，传位朱见深。"南宫复辟"的当事人多已作古，朝堂有识之士开始为于危难之际扭转乾坤的朱祁钰、于谦等翻案。仁慈宽善、深明大义的朱见深深以为然，遂为于谦平冤昭雪，更以德报怨，恢复了曾经废黜其太子之位的朱祁钰帝号，赢得朝野称颂。朱见深自幼便与大其十七岁的万贞儿形影不离，即位后更是独宠万贵妃一人。公元1487年，万贵妃辞世，朱见深慨叹"贞儿已去，我也不久矣"，竟也在数月后忧伤而死。万贵妃膝下无子，又生性好妒，宫女每有身孕便痛下毒手。太监张敏冒死暗中保全了宪宗和宫女纪氏的孩子朱佑樘，并在朱佑樘六岁的时候将此事向宪宗和盘托出。纪氏不久暴毙，张敏吞金自杀。朱佑樘即位后，励精图治，任用贤良，严控官宦，终使经济繁荣、百姓安居，明朝迎来了"弘治中兴"。值得一提的是，朱佑樘在位十八年，却仅娶张皇后一人，再无其他妃嫔，为中国历史之仅有。

正德巡塞，嘉靖修玄。

[注释] 正德：明武宗朱厚照，朱佑樘独子，明朝第十代皇帝，年号正德。

嘉靖：明世宗朱厚熜，朱佑樘之侄，朱厚照堂弟，明朝第十一代皇帝，年号嘉靖。

[释文] 朱厚照自封将军，巡游塞外；朱厚熜崇奉道教，一心修玄。

[背景] 朱厚照十五岁便即位，是位颇具争议的人物。作为年轻的大明皇帝，朱厚照年轻气盛，酷爱冒险。公元1517年，蒙古小王子进犯明朝边境，正在塞外巡游的朱厚照欣喜若狂，自封为"镇国公"，自称威武大将军"朱寿"，御驾亲征。两年后，宁王朱宸濠起兵作乱，不久为名臣王阳明所擒。朱厚照却要求王阳明放回朱宸濠令其重新作乱，并由自己亲自降服。在班师回京的路上，正德皇帝一时兴起，泛舟捕鱼，却意外落水，不久后驾崩，结束了其荒诞不经的一生。朱厚照无子，亦无兄弟，皇位由其堂弟朱厚熜继承。朱厚熜在位四十六年，其统治前期尚能革除弊政、重振国纲，却在统治中后期崇奉道教，痴迷修玄，醉心炼丹。为炼制不老仙丹，嘉靖对宫女实行了惨无人道的摧残。宫女们终于忍无可忍，于公元1542年发动宫变欲谋杀嘉靖（史称"壬寅宫变"），嘉靖幸而未死。这是中国历史上一场绝无仅有的"宫女起义"。公元1566年，直臣海瑞在预备棺材、诀别妻子后向朱厚熜呈《治安疏》，痛批其迷信巫术，生活奢靡。嘉靖大怒，将其投入诏狱，竟未杀之。同年，嘉靖驾崩。

隆庆互市，万历偏怜。

[注释] 隆庆：明穆宗朱载坖，朱厚熜三子，明朝第十二代皇帝，年号隆庆。

互市：互相贸易。

万历：明神宗朱翊钧，朱载坖三子，明朝第十三代皇帝，年号万历。

偏怜：偏爱。

[释文] 朱载坖封贡俺答，与之互市；朱翊钧偏爱三子，引发纷争。

[背景] 朱载坖即位后赦免海瑞，又将其父宠信的道教方士下狱处死，一改前朝弊政，任用高拱、张居正等名臣。针对屡次寇边的蒙古俺答，明朝顺应时势，借其主动遣使和谈之机册封其为顺义王，并与其开放互市（史称"俺答封贡"）。"俺答封贡"结束了大明与蒙古长达二百年的敌对状态，为国家北部边疆换来数十年的和平。同时，针对东南沿海倭寇屡剿不绝的现实，隆庆帝认识到"市通则寇转而为商，市禁则商转而为寇"，便宣布解除了明初以来的海禁政策（史称"隆庆开关"）。隆庆虽在位仅六年，却有效解决了困扰明朝许久的"南倭北虏"之患。公元1572年，隆庆驾崩，年仅十岁的太子朱翊钧继位，年号万历。万历在位的前十年，首辅张居正推行改革，在政治、经济、军事上均取得了巨大成果，使垂危的明朝有重生之望。但随着张居正去世，轰轰烈烈的"隆万大改革"戛然而止，大明中兴的最后一抹亮色褪去。亲政后的万历皇帝对张居正进行了彻底的清算，而再无约束的朱翊钧迅速堕落。万历偏爱郑贵妃所生的三子朱常洵，对宫女王氏所生的长子朱常洛十分冷落，由此引发了漫长的"国本之争"。

东林国本，泰昌红丹。

[**注释**] 东林：东林党，明末官僚政治集团，在明末政坛有重要影响。

国本：即册立太子。中国古代有"太子者，国之根本"之说。

泰昌：明光宗朱常洛，朱翊钧长子，明朝第十四代皇帝，年号泰昌。

[**释文**] 东林党人与万历争国之根本；泰昌皇帝服食红丸一命呜呼。

[**背景**] 万历在位四十八年，是明朝在位时间最久的皇帝。万历一心想册立自己最疼爱的三子朱常洵为太子，却遭到以东林党人为主的朝臣的极力反对（史称"争国本"）。"国本之争"前后持续十五年，大量朝臣在这场斗争中被贬斥或杖责，而万历也身心俱疲。这场纷争于1601年以万历的妥协——立长子朱常洛为太子、令朱常洵就藩洛阳而告终。"国本之争"加剧了万历与文官集团的矛盾，致其往后近三十年遁入深宫，不理朝政、不见大臣、不批奏章，许多朝臣竟从未见过皇帝一面。明朝之亡，自此而始。公元1620年，万历驾崩，太子朱常洛即位。而在位仅一个月的朱常洛便因身体抱恙，在服食臣子李可灼进献的红丸后竟猝然长逝，使"红丸案"成为明末一大疑案。此时，大明与后金在萨尔浒的硝烟刚刚散尽，明朝的惨败已使历史的天平倒向了在关外再次崛起的女真人。

天启宠魏,崇祯剐袁。

[**注释**] 天启:明熹宗朱由校,朱常洛长子,明朝第十五代皇帝,年号天启。

魏:魏忠贤,明末权倾朝野的宦官。

崇祯:明思宗朱由检,朱常洛五子,明朝第十六代皇帝,也是明朝作为中国统一政权的最后一代皇帝,年号崇祯。

袁:袁崇焕,明末蓟辽督师,抗清名将。

[**释文**] 天启皇帝格外宠信宦官魏忠贤;崇祯皇帝凌迟处死名臣袁崇焕。

[**背景**] 朱由校以朱常洛长子的身份继承帝位,却喜好玩乐、荒于朝政,尤其酷爱刀锯斧凿、丹青揉漆的木工活。天启帝的怠政致使国家权柄由其宠信的太监魏忠贤操控。魏忠贤借机大肆培植党羽,排除异己,擅权祸国。东林党人自诩清流,时常针砭朝政,因此触怒魏忠贤,受到魏阉的打压。此时的大明江山已是岌岌可危,国内农民起义势力正在暗流涌动,辽东的后金政权虎视眈眈地威胁着国家的北方边境。朱由校却在此时撒手人寰,将行将就木的大明王朝托付给其弟朱由检。朱由检继位后铲除魏忠贤,起用东林党人,为挽救国家做出了积极的努力。但生性多疑的崇祯帝误中皇太极的反间计,冤杀了蓟辽督师、抗清名将袁崇焕,酿成了大明继于谦之后的又一千古奇冤。崇祯自毁长城的行为为辽东的清政权除去一大敌,也为朱由检和他的明朝敲响了丧钟。

自成出陕，献忠入川。

[注释] 自成：闯王李自成，明末农民起义领袖，建立大顺政权。

献忠：西王张献忠，明末农民起义领袖，建立大西政权。

[释文] 李自成兵出陕西，直指明都北京；张献忠攻入四川，建立大西政权。

[背景] 崇祯皇帝不仅面临辽东的外忧，更有农民起义的内患。自朱由检登基伊始，国内农民起义不断，经过与官军十余年的斗争，闯王李自成和西王张献忠成为最重要的两支起义军领袖。公元1640年，李自成攻克洛阳，处决万历皇帝之子朱常洵，并开仓赈济饥民。三年后，李自成攻破潼关，打败陕西巡抚孙传庭统率的明朝最后一支重要军事力量，占领陕西全境。史家有云："传庭死而明亡矣。"公元1644年，李自成在西安称帝，国号大顺，并率兵出陕，直取北京。同年，在南方辗转作战的张献忠攻克成都，明藩成都王、太平王自杀。四川巡抚等人拒不投降被悉数处死。张献忠随即在成都称帝，国号大西，定都成都。张献忠封四个养子为王：孙可望为平东王，刘文秀为抚南王，李定国为安西王，艾能奇为定北王。时人可曾料到，正是这些明廷眼中十恶不赦的乱民贼寇，竟成为日后维系南明苟延残喘的中流砥柱，而他们斗争的对象竟是曾经蒙受皇恩浩荡的大明"忠良"洪承畴、吴三桂等。

由检覆面，三桂冲冠。

[注释] 覆面：遮盖住面部。

三桂：吴三桂，明末山海关总兵，后投降清朝。

[释文] 朱由检以发覆面，殉难煤山；吴三桂冲冠一怒，愤而降清。

[背景] 李自成东征北京，渡过黄河，攻克太原、大同，又连下居庸关、昌平。崇祯征召天下兵马勤王。公元1644年春，李自成包围北京，向崇祯提出裂土封王的要求，被断然拒绝。大顺军于是攻占北京，紫禁城火光冲天。崇祯帝在前殿鸣钟召集百官，却无一人前来。绝望中的朱由检登上煤山（今景山），于袍服上大书"朕自登基十七年，虽朕薄德匪躬，上干天怒，然皆诸臣误朕，致逆贼直逼京师。朕死，无面目见祖宗于地下，自去冠冕，以发覆面。任贼分裂朕尸，勿伤百姓一人"，后自缢殉国，明亡（史称"甲申之变"）。朱由检本非亡国之君，却遭亡国之运，在国破之际能以君王死社稷，不辱国格。北京沦陷后，明山海关总兵吴三桂本已投降大顺，但据传李自成手下大将刘宗敏强占吴三桂爱妾陈圆圆，致使吴三桂"冲冠一怒为红颜"，降而复叛，倒戈山海关（今河北山海关）外的清朝。李自成闻讯亲征吴三桂，却被清摄政王多尔衮与吴三桂在山海关合兵击溃。"山海关之战"是明亡清兴的重要转折点，自此清军入关，开启了征服明朝残余势力与农民军政权、逐步统一全国的进程。

明思宗 朱由检

崧榔近室，唐鲁远藩。

[注释] 崧：朱由崧，朱常洵之子，南明首位皇帝，年号弘光。

榔：朱由榔，万历之孙，朱由崧堂弟，南明末帝，年号永历。

近室：近支宗室，与当前皇帝血缘较近的皇族。

唐：唐王朱聿键，明亡后在福州称帝，年号隆武，明太祖九世孙。唐王朱聿𨮁，隆武之弟，隆武帝殉国后继位，年号绍武。

鲁：鲁王朱以海，明亡后在绍兴监国，明太祖十世孙。

远藩：远支藩王，与当前皇帝血缘较远的藩王。

[释文] 朱由崧、朱由榔是皇帝的近支宗室；唐王和鲁王是皇室的远支藩王。

[背景] 崇祯自缢后，众人拥立朱常洵之子朱由崧在南京登基称帝，年号弘光。南明政权建立。仅一年，清兵攻克南京，东林党领袖钱谦益因水冷不愿投水殉国，转而剃发降清。弘光皇帝被俘，后被杀。此后鲁王朱以海在绍兴监国，唐王朱聿键在福州称帝，年号隆武。鲁王、唐王均是皇室远亲，而两政权又屡有冲突，无法联合对敌。次年，浙江与福建相继沦陷，朱以海逃亡海上，与郑成功、张煌言等联合抗清。隆武帝被俘，绝食而死。公元1646年，朱聿键之弟唐王朱聿𨮁继承其兄帝位，在广州称帝，年号绍武。同时，皇族近支朱由榔在肇庆称帝，年号永历。永历与绍武政权又互有攻伐。不久，绍武帝在绝境中自杀殉国，永历政权成为南明唯一政权。在原大西军将领李定国等人的保护下，永历政权得以在西南边陲苟延十余年。公元1659年，清兵攻入云南，李定国护卫朱由榔逃入缅甸。公元1662年，清平西王吴三桂攻缅，逼缅王交出朱由榔。同年，世受明恩的吴三桂在昆明杀害永历帝，南明亡。

天命萨浒，崇德松山。

[**注释**] 天命：清太祖爱新觉罗·努尔哈赤建立后金的年号。

萨浒：即萨尔浒之战，是明朝与后金的一场战略决战。

崇德：努尔哈赤第八子清太宗爱新觉罗·皇太极建立清朝时的年号。

松山：即松山、锦州之战，是明清在辽西最后一场战役。

[**释文**] 努尔哈赤在萨尔浒大败明军；皇太极在松锦奠定了明亡清兴的走向。

[**背景**] 公元1583年，因祖父和父亲被明军误杀，二十五岁的努尔哈赤以十三副铠甲在明朝东北的白山黑水间起兵，用三十余年时间，统一女真诸部，并于公元1616年在赫图阿拉（今辽宁抚顺）建立后金政权，年号天命。两年后，努尔哈赤以"七大恨"誓师反明，于公元1619年在萨尔浒（今辽宁抚顺东）击败四十七万明军，奠定了后金的统治基础。公元1626年，一代名将、蓟辽督师袁崇焕在宁远城（今辽宁兴城）击败后金，努尔哈赤负伤而死，其八子皇太极承袭汗位。皇太极用反间计借朱由检之手除掉了袁崇焕，并于公元1636年登基称帝，改族名"女真"为"满洲"，定国号大清，改元崇德。公元1640年，皇太极亲征松山、锦州，生擒明兵部尚书、蓟辽总督洪承畴，洪承畴在一番扭捏作态的挣扎后畏死降清。自此，明朝山海关外国土尽失，明亡清兴的历史走向已不可逆转。嘉庆帝曾评论：太祖一战（萨尔浒之战）而王基开，太宗一战（松锦之战）而帝业定。

叔父摄政，顺治坐燕。

[注释] 叔父：指顺治帝的叔父、皇太极之弟、努尔哈赤十四子爱新觉罗·多尔衮。

顺治：清世祖爱新觉罗·福临，皇太极九子，清朝第三代皇帝，也是清军入关后的首代皇帝，年号顺治。

燕：指北京。

[释文] 叔父多尔衮摄政清朝；侄儿顺治帝君临北京。

[背景] 公元1643年，皇太极驾崩，年仅六岁的福临继位，以多尔衮为摄政王。次年，李自成率领的大顺军攻克北京，崇祯自缢。总兵吴三桂孤守山海关，李自成讨之。吴三桂求援于多尔衮，表示如清军支援，将"裂土以酬"。多尔衮则挟制吴三桂，令其做先锋，与李自成部在山海关展开激战。多尔衮作壁上观，待吴三桂几次派人且亲自杀出重围求援时，估计双方实力均已大损，方才出兵作战。李自成部遂被清军击溃，仓皇败退北京。山海关沦陷，吴三桂引清军入关。李自成自知北京无法坚守，又为彰显其代明而有天下的正统地位，遂在紫禁城武英殿草草举行登基大典后，以郊外祭天为名撤出北京。清军遂乘势进占北京，后迁都于此，顺治帝成为清军入关后的首位皇帝。这一年是公元1644年，继崇祯殉难、李自成败北后，清朝终于定鼎北京，开启了最后一代封建王朝在中国近两百七十年的统治。

虏来寇去，清盛明残。

[注释] 虏、寇：明朝以清军为虏、以农民军为寇。

[释文] 清军来势汹汹而农民军节节败退；清朝走向强盛而明朝日薄西山。

[背景] 清军入关后，天真的南明弘光政权采用"联虏平寇"的方针，幻想联合清朝以消灭中原地区的李自成和张献忠农民军。而多尔衮却一面追剿李自成，一面假意招抚弘光朝廷。待时机成熟后，多尔衮命其兄弟阿济格和多铎出征大顺和南明。次年，李自成兵败身死、弘光朝廷覆亡，清朝剃发令随即传遍江南，引发民变，多尔衮派降清贰臣洪承畴镇压起义。一年后，西王张献忠也被清军射杀，明末农民大起义在清军的围剿中步入低谷。张献忠部下孙可望、李定国、刘文秀、艾能奇等转战西南，又与南明永历政权联合抗清。其间，虽有名将李定国两蹶名王，收复大片河山，却无力拯救气数已尽的南明。随着公元1662年永历帝殉难云南，李定国也因病去世。同年，南明将领郑成功击败荷兰殖民者，收复台湾，开始了郑氏家族在台湾的经营。彼时已是康熙初年，前后绵延近三百年的大明朝彻底烟消云散，而属于清朝的盛世正在孕育。

康熙弭乱，圣祖收湾。

[注释] 康熙、圣祖：清圣祖爱新觉罗·玄烨，顺治三子，清朝第四代皇帝，年号康熙。

弭乱：平定叛乱。

[释文] 康熙帝平定国内叛乱，又收复宝岛台湾。

[背景] 顺治帝二十四岁便暴崩，年仅八岁的玄烨继位。亲政后的康熙帝不仅铲除权臣鳌拜，还下令撤除藩镇。公元1673年，年逾六旬的平西王吴三桂因不满康熙撤藩，打出"兴明讨虏"的旗号，联合平南王尚可喜、靖南王耿精忠等势力起兵造反，史称"三藩之乱"。五年后，吴三桂在衡州称帝，国号大周，不久病死。"三藩之乱"相继被康熙镇压。吴三桂初仕明朝，后降大顺，再弃顺投清，又杀害南明永历帝，终竟以"复明"的幌子叛清称帝。这反复无常的轮回写满了历史的讽刺。三藩既平，康熙令施琅进攻郑氏家族所在的台湾。时郑成功及其子郑经均已去世，新即位的郑克塽被权臣掌控，台湾政局不稳。在施琅的大军压境下，郑克塽于公元1683年归降清朝，台湾再次纳入中央政权的版图。康熙在位六十一年，在中国历史上无出其右者，其智擒鳌拜、剿灭三藩、收复台湾、驱逐沙俄、北征噶尔丹，开启了康雍乾三朝的百年盛世，也获得了中国历史独一无二的"圣祖"庙号。

雍正夺储，乾隆闭关。

[注释] 雍正：清世宗爱新觉罗·胤禛，康熙四子，清朝第五代皇帝，年号雍正。

夺储：夺取储君之位。

乾隆：清高宗爱新觉罗·弘历，雍正四子，清朝第六代皇帝，年号乾隆。

[释文] 雍正帝夺取储位；乾隆帝闭关锁国。

[背景] 自康熙帝废黜太子之后，诸皇子蠢蠢欲动，觊觎皇位，史称"九子夺嫡"。公元1722年，康熙驾崩于畅春园，步军统领隆科多宣读康熙遗诏，四子胤禛继承皇位，是为雍正帝。雍正虽成功夺取储位，但其继位的合法性在史学界始终饱受争议。雍正登基后残酷迫害当年与之争储的皇八子胤禩、皇九子胤禟和皇十四子胤禵，又在全国刊行《大义觉迷录》，不遗余力地阐述自己得位之正，颇有欲盖弥彰之嫌。虽然夺储的经过扑朔迷离，但雍正的勤勉却有目共睹：每天仅休息四个小时，每年仅有三天假期。在十三年的帝王生涯中，雍正批阅了数万件奏折，批阅总字数更逾千万。作为百年康乾盛世中承上启下的君主，雍正无疑是中国历史上最勤政的帝王。公元1735年，雍正暴亡，其子弘历登基，是为乾隆帝。乾隆一朝武功繁盛，平定边疆叛乱，巩固王朝版图，但统治后期却故步自封、妄自尊大，采取了闭关锁国的政策。

既锁四海,更诩十全。

[注释] 十全:乾隆晚年自诩"十全老人"。

[释文] 乾隆闭关自守,不与外国往来;又自诩"十全武功",高居天朝上国。

[背景] 经过康雍乾三朝的经营,清朝国力达到鼎盛。乾隆年间,为维护国家统一和领土完整,先后十次派兵平定边疆叛乱:"十功者,平准噶尔为二,定回部为一,扫金川为二,靖台湾为一,降缅甸、安南各一,即今二次受廓尔喀降,合为十。"尤其是于1759年结束的长达七十年的清准战争,使西域天山南北尽入中国版图,位列乾隆"十全武功"之首。虽然后世对乾隆自诩的"十全武功"褒贬不一,但乾隆朝无疑奠定了中国直至今日的版图基础。但帝国的由盛转衰也自乾隆而始。1793年,英国政府派遣马戛尔尼使团访华,意欲打开中国市场、开展合作。而乾隆以"天朝物产丰盈,无所不有,原不藉外夷货物以通有无"的理由加以拒绝,使这次具有划时代意义的中西方文明的和平对话不欢而散。乾隆闭关锁国的政策使中国丧失了与近代工业文明接触的机会,错过了产业革命的浪潮,落后于西方发展的脚步,而这一切导致的苦果将在半个世纪后鸦片战争的坚船利炮前展露无遗。

嘉庆肃吏,道光销烟。

[注释] 嘉庆:清仁宗爱新觉罗·颙琰,乾隆十五子,清朝第七代皇帝,年号嘉庆。

道光:清宣宗爱新觉罗·旻宁,嘉庆次子,清朝第八代皇帝,年号道光。

[释文] 嘉庆帝整肃吏治;道光帝销毁鸦片。

[背景] 公元1799年,在位六十年、统御清朝六十三年的太上皇乾隆以八十九岁高龄辞世,成为中国历史上实际掌权时间最久的长寿帝王。晚年的乾隆给其子嘉庆留下了一个偌大的帝国,同时也留下了一个吏治腐败、贪墨成风的朝堂。面对国家积弊,嘉庆整肃吏治、黜奢崇俭、改革官风,赐死了乾隆朝的巨贪和珅,却无法根除封建官僚制度的痼疾。公元1820年,嘉庆驾崩,其次子旻宁成为清代唯一一位以嫡长子身份继位的皇帝。与父亲嘉庆一样,道光也是一位中庸且无奈的守成之君,清朝"嘉道中衰"的颓势已不可避免。此时,远在西方的欧洲列强已完成资本的原始积累,狡猾的英国人向中国倾销鸦片,致使中国大量白银外流。公元1839年,在道光帝的支持下,林则徐在虎门滩头集中销毁英国鸦片。次年,无耻的英国政府以虎门销烟为借口侵略中国,鸦片战争爆发。在公元1840年的隆隆炮火声中,中国进入了百年屈辱的近代史。

咸丰洪蔓，同治洋渐。

[注释] 咸丰：清文宗爱新觉罗·奕詝，道光四子，清朝第九代皇帝，年号咸丰。

洪：太平天国领袖洪秀全。

同治：清穆宗爱新觉罗·载淳，咸丰独子，清朝第十代皇帝，年号同治。

洋：西方国家。

渐：流入。

[释文] 咸丰年间，太平天国的势力在清朝席卷蔓延；同治时期，西方国家的技术在中国引进发展。

[背景] 公元1850年，道光帝驾崩，传位四子奕詝，是为咸丰帝。次年初，拜上帝教领袖洪秀全同冯云山、杨秀清、韦昌辉、石达开等人在广西金田发动武装起义，创太平天国。太平军一路北上，于公元1853年攻克南京，中国历史上最大规模的农民起义迅速席卷了清朝半壁江山。终咸丰一朝，清军都在不遗余力地镇压太平天国，终于在公元1864年由曾国藩率领的湘军将其剿灭。彼时已是同治初年，经历了两次鸦片战争重创和太平天国动荡的清朝统治者意识到西方国家的"奇技淫巧"有助于富国强兵，维护统治。在恭亲王奕䜣、曾国藩、左宗棠、李鸿章、张之洞等开明的洋务派人士推动下，西方的文化和技术被引入国内，安庆内军械所、江南机器制造总局、福州船政局等大型近代化军事工业相继问世（史称"洋务运动"）。洋务运动是晚清统治阶层的一次"师夷长技"的自救行动，但终究无法挽救没落的清廷。

宗棠御侮，鸿章和番。

明清

[**注释**] 宗棠：左宗棠，晚清重臣，民族英雄。

御侮：抵御外侮。

鸿章：李鸿章，晚清重臣，创立北洋水师。

和番：求和外番。番，指外国。

[**释文**] 左宗棠抵御外侮，克复新疆；李鸿章甲午战败，求和日本。

[**背景**] 公元1874年，同治皇帝英年早逝，并无子嗣。同治的堂弟、年仅四岁的载湉继位为帝，是为光绪帝。在以晚清四大重臣曾、左、李、张为代表的贤能开明之士的尽心辅国下，国家一度出现"同光中兴"。此时，中亚浩罕国阿古柏已入侵新疆，沙俄趁火打劫占领伊犁。朝廷任命左宗棠督办新疆军务。年逾花甲的左公率湖湘子弟出征西域，于公元1878年收复了除伊犁以外的新疆全境。尔后，年近七旬的左公又抬棺出征，以马革裹尸之志剑指伊犁，于公元1882年迫使沙俄将伊犁正式归还。新疆时至今日仍在中国版图之中，民族英雄左宗棠厥功至伟。塞防方息，海防又起。面对恶邻日本的屡次挑衅，血气方刚的光绪皇帝毅然对日宣战。公元1894年，北洋水师与日本海军在黄海展开激战，北洋水师全军覆没，中日甲午战争以清朝的惨败告终。次年，李鸿章忍辱负重，代表清廷赴日求和，签署了丧权辱国的《马关条约》。"庚子国变"后，李鸿章又代表清廷求和列强，签署《辛丑条约》，终至吐血而亡。李鸿章一生忠于社稷，有经世致用之才，作为大清的"裱糊匠"，为腐朽的清政府背负了百年骂名。

光绪变法,慈禧垂帘。

[注释] 光绪:清德宗爱新觉罗·载湉,道光之孙,同治堂弟,清朝第十一代皇帝,年号光绪。

慈禧:慈禧太后,叶赫那拉氏。同治帝生母。

[释文] 光绪皇帝锐意变法,救国图存;慈禧太后垂帘听政,牝鸡司晨。

[背景] 自年幼的同治、光绪帝登基伊始,便由慈安、慈禧两位太后垂帘听政。后慈安去世,慈禧得以独自垂帘。光绪长大后开始亲政,但权欲熏心的慈禧不甘就此归政,用各种手段对光绪加以控制,继续操纵清廷大权。此后,中日甲午战争的惨败再次掀起了列强争先瓜分中国的狂潮。光绪帝深感国家危亡已近在咫尺,在康有为、梁启超等人的鼓动下,于公元1898年颁布"明定国是"诏书,"戊戌变法"开始。"戊戌变法"倡导效法西方,在经济、文教、军事、政治等方面进行全面革新,但严重触犯了以慈禧为首的守旧派的利益。天真的康有为甚至计划拉拢握有军权的袁世凯"围园杀后"。不料慈禧太后率先发动"戊戌政变",加之袁世凯告密,慈禧下令捕杀变法人士。戊戌六君子——谭嗣同、康广仁、林旭、杨深秀、杨锐、刘光第在北京菜市口慨然赴死。慈禧囚禁光绪于中南海瀛台,并宣布再次临朝训政。这一次,老谋深算的慈禧已不满足于垂帘,而是从帘后走到台前,直接主宰摇摇欲坠的大清国。

庚子开衅，辛亥燎原。

[**注释**] 庚子：即庚子年，公元 1900 年。

开衅：挑起战争。

辛亥：即辛亥年，公元 1911 年。

[**释文**] 庚子年慈禧向列强宣战，挑起战事；辛亥年革命党武昌起义，星火燎原。

[**背景**] 再次总揽朝政的慈禧意图废掉脱离其控制的光绪帝，另立新君，但遭到各列强反对。慈禧又获得情报称各国公使已经联合决定，"勒令皇太后归政"。慈禧气急败坏，在盛怒之中竟下诏向十一国宣战。公元 1900 年，英、美、法、俄、德、日、意、奥八国联军攻入北京，慈禧挟光绪仓皇出逃到西安。这场发生在中国农历庚子年的动荡又被称为"庚子国变"。公元 1908 年的深秋，慈禧和光绪几乎同时去世，大清国最后的权柄交与了光绪遗孀隆裕太后、光绪之弟摄政王载沣和载沣之子、年仅三岁的宣统皇帝爱新觉罗·溥仪。摄政王载沣欲诛杀袁世凯为光绪复仇，但投鼠忌器，担心袁世凯的北洋军造反，只令其开缺回籍。孙中山等有识之士领导的革命党已在十余年间前赴后继地组织起义，以"驱除鞑虏，恢复中华"为纲领推翻清朝统治，终于在公元 1911 年 10 月 10 日，农历辛亥年，武昌起义成功，并迅速成燎原之势。湖南、广东、江西等十余省纷纷响应，宣布脱离清廷独立（史称"辛亥革命"）。

逊位宣统，驱鞑逸仙。

[注释] 逊位：退位。

宣统：爱新觉罗·溥仪，清末摄政王载沣之子，光绪之侄，清朝第十二代皇帝，也是清末帝。

驱鞑：驱除鞑虏。

逸仙：孙逸仙，即孙中山。

[释文] 辛亥革命的胜利让宣统帝走下皇位；孙中山实现了"驱除鞑虏"的宏愿。

[背景] 辛亥革命爆发后，袁世凯的北洋新军是清政府唯一可以抵挡革命军的力量。摄政王载沣不得已起用政敌袁世凯，但袁世凯并非朝廷忠良，在与革命党交战的前线养敌自重，为自己留有转圜的余地。袁世凯又胁迫隆裕太后令摄政王载沣退归王府，剪除了其在朝廷中最大的对手。隆裕太后任命袁世凯为议和全权大臣，负责与南方革命党进行谈判。然而在南北议和的谈判中，袁世凯更是首鼠两端，出卖清廷利益以捞取大量政治资本。公元 1912 年元旦，中华民国成立，孙中山就任中华民国临时大总统，并与袁世凯约定若促成清帝退位，可请袁做中华民国大总统。张謇亦密电袁世凯："甲日满退，乙日拥公，东南诸方，一切通过。"袁世凯遂授意北洋军将领段祺瑞向清廷发难，以恫吓的言辞逼迫清帝逊位，实行共和政体，清廷方知被袁世凯出卖。载沣先放虎归山，又引狼入室，清朝以摄政王（多尔衮）始，复以摄政王（载沣）终。公元 1912 年 2 月 12 日，大清举行了最后一次早朝，隆裕太后怀抱溥仪在绝望中颁布清帝退位诏书，"何忍以一姓之尊荣，拂兆民之好恶"。清朝寿终正寝。

共和始建，王朝终完。

[**注释**] 共和：共和政体。

[**释文**] 公元1912年，共和政体始行于中国，封建王朝终于退出历史舞台。

[**背景**] 清帝逊位后，孙中山信守诺言，立即辞位。袁世凯于次月宣誓就职中华民国大总统，共和政体始行于中国。后虽有袁世凯利令智昏上演称帝闹剧，但无法改变历史洪流浩浩荡荡之走向。清帝退位诏书标志着清朝在中国长达两百六十八年统治的结束，也是两千余年封建君主专制的完结。这一刻，从龙椅上走下的不仅是六岁的溥仪，也是清代的列祖列宗，更是自秦汉以来数百位封建帝王的幽魂。嬴政、刘彻、曹操、司马懿、苻坚、拓跋焘、刘裕、萧衍、高欢、宇文泰、杨坚、李世民、柴荣、赵匡胤、忽必烈、朱元璋、玄烨……曾经叱咤风云的人物早已远去，他们黯淡的背影皆化为一缕绵长的浩叹：王朝已终，共和伊始。旧制度分崩离析，新时代风起云涌。中国历史开启了崭新的篇章。

爱新觉罗·溥仪

皇系千载，文脉万年。

明清

[**注释**] 皇系：皇帝世系。

文脉：中华文明。

[**释文**] 帝王世系传承逾两千载；中华文明必将亿万斯年。

[**背景**] 自公元前221年嬴政称帝起两千多年来，中国历代封建王朝遂在秦朝制定的轨道上周而复始地践行着治乱兴衰的历史周期率，使统一和分裂在这片古老的土地上往复循环：大秦"奋六世之余烈"而崩塌在旦夕之间；强汉有虽远必诛之豪迈终亡于权臣之手；李唐享开元之盛世仍未免于帝国分崩；明朝曾北逐胡虏收复汉地终又倾覆于外族；清朝集封建专制之大成而难逃三千年未有之变局。然一部封建帝王史不过是皇皇上下五千年的一部分：早在秦皇之前，我们的祖先便将大禹治水的神话演绎在夏代的传说，将福祸吉凶的卜辞镌刻在殷商的龟甲，将尊王攘夷的荣耀浇铸于姬周的铜鼎，将诸子百家的思想争鸣于春秋的学宫，将一匡九合的霸业誊录在战国的竹简；又在溥仪之后，这个英雄的民族筚路蓝缕，披荆斩棘，终浴火重生，实现了"敢教日月换新天"的凌云壮志。中华文明一脉相承，生生不息，绵延至今，也必将亿万斯年。

中华帝序,神州遗篇。

[注释] 遗篇:前人之篇章。

[释文] 中华帝序是数百位历代帝王谱写的历史遗篇。

[背景] 中国封建帝王史是由华夏历代数百位帝王共同谱写的历史遗篇,是中华儿女宝贵的精神财富,值得我们骄傲与铭记。本书聊以朝代顺序简要记述自嬴政至溥仪的帝王历史,以飨读者。